佛遗教经

释证严 讲述

复旦大学出版社

前　言

《佛遗教经》由"姚秦三藏法师鸠摩罗什译",据蕅益大师的《佛遗教经解》,如此解说——"姚兴建国,亦称为秦,故名姚秦。三藏者经、律、论也。经诠一心,律规三业,论开慧辩,以兹三学自轨轨他,名为法师。鸠摩罗什,此云童寿,童年时便有耆德故。翻梵成华名之曰译。文分为三:初序分、二正宗分、三流通分。"

本经原名是《佛垂般涅槃略说教诫经》,是学佛者修学佛法的基础,依此修行也可达到最终理想的目标。

佛陀示现人间是为了教育众生,希望众生和他一样能达到成佛的境界。所以他亲证佛果之后,苦口婆心地说法四十九年,最后将入涅槃之时,还再三教诫弟子要端正心念,勤修戒定慧,息灭贪瞋痴。

因为佛陀担心众生无法直接、深刻地体会他四十九年中所说的教法,所以在临入灭时,再次为弟子们解说,这是佛陀最后的教法(遗嘱),因此又称为《佛遗教经》。

这就像社会上长辈对晚辈的关爱一样,如父母爱护子女,这分爱是彻头彻尾的关爱,希望子女一辈子生活幸福、健康快乐,洁身自爱,没有过失错误。直到将要与子女生死分离时,还要一再交代——事业要怎么经营,如何领导众人,如何保持家业、代代相传……

佛陀是众生的大慈悲父,与世间的父母对子女的亲情一样;佛视众生如罗睺罗(佛陀之子),非常爱护众生,因此在佛陀将入涅槃时,还是谆谆教导弟子,这段经文就是佛陀最后的说法。

"佛"指释迦牟尼佛,他并不只是为了自己而修行,更是为众生而修行,为众生而成佛。"成佛"必须具足三项条件,也就是三觉具足。何谓"三觉"?即自觉、觉他、觉行圆满。

"自觉"听起来似乎很精深,"觉他"好像也太奥妙,而"觉行圆满"则更困难。以现今的言语来解说,就比较不会觉得艰深难懂。古人云：人格成则佛格成。"自觉"的意思是能够深刻地了解道理，明白宇宙人生的真理者就是觉者。然后以身作则，潜移默化、净化他人，这叫做"觉他"。在自我本身能够自觉，也能引导他人成就道业，待人处事圆融无碍，这就称为"觉行圆满"。

以此而言，要成佛应该不是很困难。不过，凡夫都有无明心病，这些心病、习气不容易去除。所以有人说："大过易改，习气难除。"心平静时，什么道理都明白；心不平静时，就生起无明烦恼。

比如一缸水，只要不去动它，让脏东西沉淀于缸底，水面即清澈如镜，可以映照万物。凡夫心也是一样，没有人打扰时，对每件事情都非常客观，但因还有一些妄念沉淀在心底，经不起一念烦恼的石子投进心湖；只要一被震动，心湖马上因波动而生起烦恼，这就是凡夫！

所以，自觉比较简单，而觉他却不容易；因为必须与人合群相处，而人人就像一颗颗的石头，我们的心稍微被震动一下，脾气就可能控制不了。人与人之间若不能和睦相处,如何去处理事情呢?不能成就事情,又如何能觉行圆满呢?

"行"就是做事、行动,若是明白道理,但不能合群,往后所要走的路、所要进行的事,就会事事不通畅,如此障碍重重,怎么能圆满呢?修行本来是一件非常简单的事,只要能明白道理,把过去的烦恼习气完全去除,与人和睦相处,如此所计划的事情就不会受到障碍,甚至还会得到别人的帮助,这就称为圆满,而三觉圆满即能成佛。

因此,只要我们用心于日常生活中,时时刻刻朝向明理、心静、合群的方向力行,那么要成佛就不会太困难了。

佛教东传历艰辛

佛陀示现于印度,讲经说法也在印度,所传的教法也是在印度。我们生在台湾,今日有佛经可听、有经文可读,这是从何处传来的呢?

"姚兴建国,亦称为秦,故名姚秦",中国古代的前秦,有一位苻坚皇帝非常喜爱佛法。他听说当时天下有两位大智者:一位是中国的道安大师,另一位是誉满印度和龟兹国的鸠摩罗什大师。既然佛法源于印度,若要将佛法最真确的面貌传来中国,必定要礼请龟兹的这位鸠摩罗什大师前来,于是他派遣大将吕光率领大军前往龟兹。

龟兹国王的妹妹是鸠摩罗什的母亲,她带着幼小的鸠摩罗什出家学道,等他长大成人后,又回到龟兹传扬佛教,龟兹国王把这个外甥当作国宝,希望他能将佛陀的智慧教育流传于龟兹。

当时中国遣将来迎请鸠摩罗什,龟兹国王怎么肯答应呢?但是龟兹是小国家,若不肯让鸠摩罗什前往中国,吕光大军就会进军龟兹;龟兹国王不得已,只好答应了。

吕光率领大军迎请鸠摩罗什的回程中,中国有一位姚兴趁吕光远离京师时造反篡位,灭了苻秦自立为帝。吕光在半路听到京师政变的消息,就在凉州安营扎寨,拥兵自立,另建凉国,不再回长安。同时在当地供养鸠摩罗什，请他传布佛教。

姚兴也想请鸠摩罗什入长安，但是吕光不肯让他离开，直到吕光去世后，由其侄子吕隆继位时，姚兴认为时机成熟，便派兵伐凉，将鸠摩罗什请回长安。

这位通达三藏经典的鸠摩罗什法师，就像国家的无上至宝，各国争相请他弘法护国，动员这么多人，甚至不惜一切，就是要争取这位人中之宝。鸠摩罗什历经两次大军起事，最后才进入中国长安。当鸠摩罗什入长安时，苻坚所建的前秦(苻秦)已换成姚兴称帝，但仍然以秦为国号，所以称为姚秦(后秦)。

三藏：指经藏、律藏、论藏。经——佛陀于四十九年中，为弟子说的教法，后来结集成册的典籍，就称为经。这好像织布的直线叫做经一样，从上而下，纵贯通达；佛法之理贯通过去、现在、未来，亘千古而常新，而且能普遍十方，所以叫做经。广义而言，凡是古圣先贤、仁者大德的名言真理，都可以称为经，并非只有佛陀所说的法才叫做经。

律——就是规矩。佛教慢慢组织了僧团,但是,有人则有事,有人就会触犯规矩。若有任何一位弟子犯了错,佛陀就会召集所有的弟子,解释何种言行不当,会使信众造业,诽谤佛法,从此不准再犯。后来便订下比丘二百五十戒、比丘尼五百戒。不论如何,一个僧团应该要有守持的规矩与原则,所以,戒律也是三藏之一。

论——佛陀所说的经或教法,经过佛弟子或是比较有智识的人研究讨论,分析佛法在流传久远之后,是否仍正确适用?其所作的论述就称为论。佛弟子听受佛陀的教法,吸收于内心,并发挥自己的心得,其所说的经义也称为论,以上三者合称"三藏"。

出家修行是离开凡夫家、世俗家,入于如来家,担负起如来的家业,不能不知经典教法;既然要知道经典教法,就必须熟悉戒律以及规则;既然要了解戒律规矩,就不可盲从。所以必须知道过去祖师大德们所著的论藏,而精通经、律、论三藏,又能以身教、言教去教导他人,便称为三藏法师。

三藏法师译经典

　　知道了鸠摩罗什入长安的经历，也要稍微了解鸠摩罗什的生平。鸠摩罗什生于龟兹国（新疆疏勒），他的父亲叫做鸠摩罗炎，是一位虔诚的佛教徒，他为了要修行而离开家庭，周游各国求取佛法，最后来到龟兹国。

　　龟兹国王白纯非常信任他，并且知道他是一位大智慧者，而迎为国师，并用种种方法挽留他，甚至将妹妹耆婆嫁给他。两人结婚后，耆婆怀孕生子，他们为这个刚出世的儿子取名鸠摩罗什，简称罗什。

　　耆婆受鸠摩罗炎的熏习，对佛法有很深刻的了解，所以她立下大愿，除了自己努力修行之外，更要让儿子出家修行。

　　鸠摩罗什从小就非常有智慧，又受到国王（舅舅）的疼爱，朝中大臣及全国人民对他也是非常宠爱。他的母亲对此很不放心，觉得一个孩子从小就受宠、养尊处优，将来恐难成就道业。

耆婆即立下决心,向她的哥哥(国王)表示,她要离开龟兹国,带着儿子出家修行,让他接受人生的历练,以免在优渥的环境中被宠坏了。经过耆婆再三要求,国王只好依顺妹妹的心愿;于是耆婆就带着鸠摩罗什到处参访求道。

鸠摩罗什的母亲对他管教相当严格,希望他能早日证悟得道。起初鸠摩罗什是向小乘佛教的法师学习,后来就朝大乘法门精进努力,获得成就而传布佛法。

"鸠摩罗什"译为"童寿",因为他童年时就有耆德,年龄虽然幼小,但思想成熟,他的智慧和历练丰富的耆者一样,亦即学识与修德丰富的意思。

《佛遗教经》是鸠摩罗什所翻译,佛陀生于印度,入灭也在印度,当然是以印度语言来讲法,弟子以印度梵文记录成经典。若要在中国广为流布,必须把印度文翻译成中文,鸠摩罗什除了精通梵文,也通达中国语言文字。他从龟兹国辗转来到中国,立下志愿要将自己所知的佛法翻译出来,流传于中国。

鸠摩罗什历经许多波折,同时也牺牲了许多人才来到中国;所以这些佛经是非常宝贵的典籍,我们应该要珍惜读经的机会,更要拳拳服膺佛陀的教法。

"文分为三:初序分、二正宗分、三流通分。"本经分为三部分:初序分——叙述经文大意和缘起。包括此部经典是为何而说?是如何说的?讲经的人、地点、时间及动机,都在序分中说明。

慈济志业行经路

就像我们每个月开会之前,我都会说:"今天是某月某日,有多少人、从某地来、为什么要开会……"以现代的话来说明,序分就是所谓的"开场白"。

第二是主要的内容,称为"正宗分"。例如本经为何称为《佛遗教经》?其主要的教义内容是什么?这些文字都包括在正宗分里。

比如慈济的志业,现在就像是进入"正宗分"时期。

我们的工作目标是慈善、医疗、教育、文化,二十多年前①,我们揭开了这个序幕,然后秉持佛教的精神,将理想化为事实;不过现在尚未完成目标,我们仍要不断地努力,把佛陀的教法及精神形象化、行动化。

第三是"流通分"——在主要内容讲述之后,佛陀会一再交代弟子要记住教法,并且广为流布,代代相传。

像慈济四大志业仍时时刻刻在进行,慈济的工作是千秋百世的志业,每个人都希望未来新的一代能承接这股精神,继续推展下去;这是我们的期待,也是为未来做无穷尽的交代,也可称为"流通分"。

目前大家辛苦努力所做的成果,希望能留传于后世,成为历史上的见证。正如我们现在所研究的《佛遗教

---

① 证严上人于公元一九八六年至一九八九年陆续为常住众和慈济委员、会员讲解本经,慈济功德会则于公元一九六六年成立。

"文化志业"已于二〇〇四年间更名为"人文志业",上人表示,人文意即"人品典范,文史流芳",推崇慈济人投入人群利益大众,人品升华,值得书写文史,世代流传。

经》,是佛陀即将入灭时,对众生的关怀及当初弟子修行形态的记录。

每部经书都有"序分"、"正宗分"、"流通分"三部分,请大家好好地研读,若能将佛陀的教法实行于日常生活中,则如同生活在佛世时代,亲耳听到佛陀的开示、如法修行一般。

目 录

1	前言
1	佛遗教经经文
15	第一章　经序
69	第二章　持戒
117	第三章　制心
130	第四章　节食
134	第五章　戒睡眠
141	第六章　戒瞋恚
151	第七章　戒憍慢
155	第八章　戒谄曲

161	第九章　少欲
166	第十章　知足
172	第十一章　远离
179	第十二章　精进
183	第十三章　不忘念
189	第十四章　禅定
194	第十五章　智慧
203	第十六章　不戏论
209	第十七章　自勉
215	第十八章　决疑
223	第十九章　众生得度
233	第二十章　法身常住
242	第二十一章　结论

佛遗教经

一 经序

释迦牟尼佛,初转法轮,度阿若憍陈如。最后说法,度须跋陀罗。所应度者,皆已度讫。于娑罗双树间,将入涅槃。是时中夜,寂然无声,为诸弟子略说法要。

二 持戒

汝等比丘,于我灭后,当尊重珍敬波罗提木叉,如暗遇明,贫人得宝,当知此则是汝等大师,若我住世无异此也。持净戒者,不得贩卖贸易,安置田宅,畜养人民、奴婢、畜生。一切种植及诸财宝,皆当远离,如避火坑。不得斩伐草木,垦土掘地。合和汤药,占相吉凶,仰观星宿,推步盈虚,历数算计,皆所不应。节身时食,清净自活。不得参预世事,通致使命,咒术仙药、结好贵人、亲厚媟慢,皆不应作。当自端心,正念求度,不得包藏瑕疵,显异惑众,于四供养,知量知足。趣得供事,不应畜积。此则略说持戒之相,戒是正顺解脱之本,故名波罗提木叉。

因依此戒,得生诸禅定,及灭苦智慧。是故比丘,当持净戒,勿令毁缺,若能持净戒,是则能有善法,若无净戒,诸善功德皆不得生,是以当知,戒为第一安隐功德住处。

三 制心

汝等比丘,已能住戒,当制五根,勿令放逸,入于五欲。譬如牧牛之人，执杖视之，不令纵逸，犯人苗稼。若纵五根，非唯五欲，将无涯畔，不可制也。亦如恶马，不以辔制，将当牵人坠于坑陷。如被劫贼，苦止一世。五根贼祸，殃及累世，为害甚重，不可不慎。是故智者制而不随，持之如贼，不令纵逸。假令纵之，皆亦不久见其磨灭。此五根者，心为其主，是故汝等当好制心。心之可畏，甚于毒蛇、恶兽、怨贼，大火越逸，未足喻也。譬如有人，手执蜜器，动转轻躁，但观于蜜，不见深坑。譬如狂象无钩，猿猴得树，腾跃踔躏，难可禁制。当急挫之，无令放逸。纵此心者，丧人善事；制之一处，无事不办。是故比丘，当勤精进，折伏汝心。

四　节食

汝等比丘，受诸饮食，当如服药，于好于恶，勿生增减，趣得支身，以除饥渴。如蜂采华，但取其味，不损香色。比丘亦尔，受人供养，趣自除恼，无得多求，坏其善心。譬如智者，筹量牛力所堪多少，不令过分，以竭其力。

五　戒睡眠

汝等比丘，昼则勤心修习善法，无令失时。初夜后夜，亦勿有废。中夜诵经，以自消息。无以睡眠因缘，令一生空过，无所得也。当念无常之火，烧诸世间，早求自度，勿睡眠也。诸烦恼贼，常伺杀人，甚于怨家，安可睡眠，不自警寤。烦恼毒蛇，睡在汝心。譬如黑蚖，在汝室睡，当以持戒之钩，早摒除之。睡蛇既出，乃可安眠。不出而眠，是无惭人也。惭耻之服，于诸庄严最为第一。惭如铁钩，能制人非法。是故常当惭耻，无得暂替。若离惭耻，则失诸功德。有愧之人，则有善法，若无愧者，与诸禽兽无相异也。

六　戒瞋恚

汝等比丘，若有人来节节支解，当自摄心，无令瞋恨，亦当护口，勿出恶言。若纵恚心，即自妨道，失功德利。忍之为德，持戒苦行，所不能及。能行忍者，乃可名为有力大人。若其不能欢喜忍受恶骂之毒，如饮甘露者，不名入道智慧人也。所以者何？瞋恚之害，则破诸善法，坏好名闻。今世后世，人不喜见。当知瞋心，甚于猛火。常当防护，无令得入。劫功德贼，无过瞋恚。白衣受欲，非行道人，无法自制，瞋犹可恕。出家行道无欲之人，而怀瞋恚，甚不可也。譬如清冷云中，霹雳起火，非所应也。

七　戒憍慢

汝等比丘，当自摩头，已舍饰好，著坏色衣，执持应器，以乞自活，自见如是。若起憍慢，当疾灭之。增长憍慢，尚非世俗白衣所宜，何况出家入道之人，为解脱故，自降其身而行乞耶。

八　戒谄曲

汝等比丘，谄曲之心，与道相违。是故宜应质直其心。当知谄曲，但为欺诳，入道之人，则无是处。是故汝等，宜当端心，以质直为本。

九　少欲

汝等比丘，当知多欲之人，多求利故，苦恼亦多。少欲之人，无求无欲，则无此患。直尔少欲，尚宜修习,何况少欲能生诸功德。少欲之人,则无谄曲以求人意,亦复不为诸根所牵。行少欲者,心则坦然,无所忧畏。触事有余,常无不足。有少欲者,则有涅槃,是名少欲。

十　知足

汝等比丘,若欲脱诸苦恼,当观知足。知足之法,即是富乐安稳之处。知足之人,虽卧地上,犹为安乐;不知足者,虽处天堂,亦不称意。不知足者,虽富而贫;知足之人,虽贫而富。不知足者,常为五欲所牵,为知足者之所怜愍。是名知足。

十一　远离

汝等比丘,欲求寂静无为安乐,当离愦闹,独处闲居。静处之人,帝释诸天,所共敬重,是故当舍己众他众,空闲独处,思灭苦本。若乐众者,则受众恼,譬如大树,众鸟集之,则有枯折之患。世间缚著,没于众苦,譬如老象溺泥,不能自出。是名远离。

十二　精进

汝等比丘,若勤精进,则事无难者。是故汝等当勤精进,譬如小水长流,则能穿石,若行者之心,数数懈废,譬如钻火,未热而息,虽欲得火,火难可得。是名精进。

十三　不忘念

汝等比丘,求善知识,求善护助,无如不忘念。若有不忘念者,诸烦恼贼则不能入,是故汝等常当慑念在心。若失念者,则失诸功德。若念力坚强,虽入五欲贼中,不为所害,譬如著铠入阵,则无所畏,是名不忘念。

十四　禅定

汝等比丘,若摄心者,心则在定。心在定故,能知世间生灭法相,是故汝等,常当精勤修习诸定,若得定者,心则不散。譬如惜水之家,善治堤塘。行者亦尔,为智慧水故,善修禅定,令不漏失,是名为定。

十五　智慧

汝等比丘,若有智慧,则无贪著。常自省察,不令有失。是则于我法中,能得解脱。若不尔者,既非道人,又非白衣,无所名也。实智慧者,则是度老病死海坚牢船也,亦是无明黑暗大明灯也,一切病者之良药也,伐烦恼树之利斧也。是故汝等，当以闻思修慧而自增益。若人有智慧之照，虽是肉眼，而是明见人也，是名智慧。

十六　不戏论

汝等比丘，若种种戏论，其心则乱，虽复出家，犹未得脱。是故比丘，当急舍离乱心戏论，若汝欲得寂灭乐者，唯当善灭戏论之患，是名不戏论。

十七　自勉

汝等比丘，于诸功德，常当一心。舍诸放逸，如离怨贼。大悲世尊，所说利益，皆已究竟。汝等但当勤而行之。若于山间，若空泽中，若在树下，闲处静室。念所受法，勿令忘失。常当自勉，精进修之。无为空死，后致有悔。我如良医，知病说药,服与不服,非医咎也。又如善导,导人善道,闻之不行,非导过也。

十八　决疑

汝等若于苦等四谛有所疑者,可疾问之,毋得怀疑,不求决也。尔时世尊,如是三唱,人无问者。所以者何?众无疑故。时阿㝹楼驮,观察众心,而白佛言:"世尊,月可令热,日可令冷,佛说四谛,不可令异。佛说苦谛实苦,不可令乐。集真是因,更无异因。苦若灭者,即是因灭。因灭故果灭,灭苦之道,实是真道,更无余道。世尊,是诸比丘,于四谛中,决定无疑。"

十九　众生得度

于此众中,所作未办者,见佛灭度,当有悲感。

若有初入法者，闻佛所说，即皆得度，譬如夜见电光，即得见道。若所作已办，已度苦海者，但作是念，世尊灭度，一何疾哉。阿㝹楼驮虽说此语，众中皆悉了达四圣谛义。世尊欲令此诸大众皆得坚固，以大悲心，复为众说。汝等比丘，勿怀悲恼，若我住世一劫，会亦当灭。会而不离，终不可得。自利利他，法皆具足。若我久住，更无所益。应可度者，若天上人间，皆悉已度。其未度者，皆亦已作得度因缘。

二十　法身常住

自今以后，我诸弟子，展转行之，则是如来法身常在而不灭也。是故当知，世皆无常，会必有离，勿怀忧恼，世相如是，当勤精进，早求解脱。以智慧明，灭诸痴暗，世实危脆，无坚牢者。我今得灭,如除恶病,此是应舍罪恶之物,假名为身;没在老病生死大海,何有智者,得除灭之,如杀怨贼,而不欢喜。

二十一　结论

汝等比丘,常当一心,勤求出道,一切世间动不动法,皆是败坏不安之相。汝等且止,勿得复语,时将欲过,我欲灭度,是我最后之所教诲。

> 序 分

第一章　经序

释迦牟尼佛，初转法轮，度阿若憍陈如。最后说法，度须跋陀罗。所应度者，皆已度讫。于娑罗双树间，将入涅槃。是时中夜，寂然无声，为诸弟子略说法要。

序分，看起来很简单，但包括了佛陀一生说法的开头及最后的开示。"释迦"是他的族姓，译成中文是"能仁"；"牟尼"译为寂灭，意指释迦牟尼佛有能仁寂灭之德。为什么称为能仁？"能"是功能，"仁"是爱、仁德之意，也就是大慈悲的意思。

我们常说："无缘大慈、同体大悲。"佛陀所爱的，没有特定的范围或对象，也不会重此轻彼，他的爱非常广阔，遍及普天下一切的生灵。不只佛陀有这分本性，其实，我们也有这分不限范围的大慈悲心，这是人人本具的佛性，不受人我是非形态所束缚。但是，凡夫都执著在"人我"、"有为"的范围里无法超越，所以所发挥的爱都有对象、亲疏之分。

平等大爱三圆融

佛陀把爱心和智慧透彻地照耀于宇宙人间，真正发挥其良能，不但自己能做到，还教导众生，使弟子们也能够发挥这分大爱。"能仁"即发挥良能大爱，一举手、一投足无不是发挥救度众生的功能，就像佛陀因慈心殷切，不忍众生受苦，所以倒驾慈航来回于娑婆世界。

"仁"是爱心，但爱的范围有大小。就教义而言，基督教、天主教，他们把爱推广，所以称为"博爱"；不过他们的爱较局限于人类，而佛教则更广泛。而儒家讲仁、恻隐之心、"推己及人"、"己所不欲，勿施于人"等等。

试问任何一人："你要贫吗？"大家一定说："我求福都来不及了，怎么会要贫呢？"总之，贫病、老死、天灾、地变，大家都害怕、都想逃避。我们也一样不喜欢，所以"己所不欲"，就不再施于他人。

如何才能避开这些苦呢？唯有从恢复人性道德着手，回归道德才能造福社会、避开灾难。儒家主张"仁"（恢复人性善良的一面）。孟子说："君子之于禽兽也，见其生不忍见其死，闻其声不忍食其肉，是以君子远庖厨。"众生被杀时发出惊啼声，圣人贤者听了那种惨叫就不忍心吃肉，于人于物都有那分恻隐之心，但仍有轻重分别。

佛教则平等看待，戒杀一切生灵，儒家祭祀还用三牲五礼等，佛教则无。因众生平等，皆有如来智性，所以主张"无缘大慈、同体大悲"，不但爱人，也爱一切生灵。佛陀讲经时，常常讲到他过去本生的因缘，以此作为教材来教导弟子。他曾做过畜生道的众生，如鸟王、鹿王、象王等等。佛陀为了教化六道众生，所以在六道中往返显迹，这也是证明"众生平等"，要我们去爱护一切众生，众生的身体有了伤和病，菩萨的心就会不忍，这叫同体大悲。

佛陀为了众生而修行，也是为了众生而成佛；离开众生，绝对无法成佛，所以我们不要执于无为空理。有人会说："一切都是空，既然如此，那又何必和众生在一起呢？"这便是执于无为，执于"理"而忽视了"事"。

《金刚经》把道理分析到最后，一切都是"真空"的，这叫做无为。但是真空即是妙有，我们不能忽视了其中的一切事相、动作——佛也要出去托钵、吃饭、洗钵……然后找个清净的地方坐下来，整理衣服，一切就绪后，才开始讲经，这就是"事"啊！所以如果执于法空之理，即是偏执。

《金刚经》所说的是"空"理，可是事相上是"有"的，不能因佛说一切都是空的、外相都不可执著，就把舍利弗当作释迦佛，把目犍连也当作释迦佛，人就是人、事就是事！这本来就有前后次序，这是人事，要事理圆融、空有不二，所以我们若执于"无为"而漠视"事相"，那就行不通了。

我们要三圆——"理圆"即自觉，"人圆"即觉他，"理事圆融"即觉行圆满，如此才能成佛。若执于无为，那就只有理圆而已。我们学佛，不仅理要透彻地了解，还要圆满人事，这才是修学的正确道路。

太子苦行毅力坚

佛陀名号为何称为"寂灭"？心若能静下来，自然精神就能定静下来,有定静的精神就会轻安。人之所以烦恼多、不得安闲,正因为心不静!古人说:"于变中而住不变,不变而行于变。"以现代的话而言,即是庄敬自强、处变不惊,在动荡不安的环境中,还能有镇定的精神,这便是智慧的定境,也是心灵上的寂灭。

修行要让心定下来,先要远离欲念、断除有染污的情爱。这方面较偏于理智,不住有为,"有为"就有相,有相就有分别,有爱与不爱的偏执。二乘(声闻、缘觉)把一切都看透了,什么都不贪求,但住"无为"。佛为了救度众生,他不住无为,也不住有为;他应世间所需,不迷于世间的情爱,而将无缘大慈、同体大悲发挥于行动中,这便是佛超越于二乘的德性。

"初转法轮,度阿若憍陈如",太子出生于皇宫,生活在荣华富贵中,后来游四城门而透视人间的苦相,于是毅然抛弃王位去修行,最初他的父母放心不下,希望有人能说服太子、请他回来,于是派遣了五位随从,要他们把太子找回来。可是他们找到太子之后,不但无法说服太子,反而被太子的智慧所感动而追随太子,一起去修行参访,

虽然吃尽了人间的苦头,但是他们五人都心无二志地跟随太子修行。

在苦行林中,六年的苦修生活,苦其心志、饿其体肤,后来太子体认到苦修仍然无法体会人生的真理,所以他决定要舍弃极端的苦行。

他离开苦行林,到河边去洗浴,因为长期的营养失调,洗浴后就昏倒在尼连禅河边,那时有一位牧羊女看到这位骨瘦如柴的修行者昏倒了,就赶紧挤出羊奶,灌到修行者的口中。修行者体力恢复后醒了过来,就对这位少女说明他修行的决心。少女很感动地说:"您找个地方好好静修,我每天都来供养您,让您安心修行,这样才能恢复您的精神体力。"太子找了一个菩提树下的大石头,他于石头旁立愿说:"这里就是我的道场,我若没有开悟,就不离开这棵大树下,一定要修到启开智慧,了悟道理为止。"

这五位随从,在苦行林中找不到太子,于是很着急地四处寻觅,刚好看到牧羊女拿羊奶给太子、太子正伸手接受的这幕景象,他们误以为太子已经失去道心,所以就离

开太子另寻道场。

那时,太子虽有牧羊女送羊奶供养,生活不成问题,体力也慢慢恢复,但是在修行当中,心境要静下来的确不易,他经历了很多挣扎。所以,佛经中有"降伏十魔军"的记录;"魔"通常不是外来的魔,而是起于我们的内心,凡夫平常都一直随着外境在动,等到想要把心静下来时,那一幕幕的境界,就像影片般不断地在脑海中显现,这便是心魔、幻境,愈是安静,这些境界愈会涌现出来。所以太子未成佛前,需要以智慧断除这种种境界。

勤转心轮消心魔

现在有很多人,因修行、坐禅而得了禅病,比如:听到有人跟他讲话,看到别人见不到的东西,把虚幻的东西当作真实的;以为有了天耳通,把幻音执为实有,要去除它就很难了。前不久有位女孩就是如此,她很痛苦,她的妈妈很伤心地说:"女儿静下来时,别人叫她,她都没反应,她听到的都是虚幻的声音。"那位女孩说:"我到某个道场去,看到很多怪东西,在路上也常看到很多。"这些现象一直扰乱她的心,总是排除不了。

我问她为何会这样？她说以前她到某个道场,有人教她修"隔耳声音"的法门,在修习中心境初静,境界一来她就执著不放,这种现象即是禅病。这种魔境是外来的吗？不是！是从内心所显现的幻境。

我们若稍不留意,也会碰到同样的境界,那就很麻烦了！我告诉她："你若听到声音,不要刻意不去听它,也不要把它当作真的,应赶紧警惕自己,先消除'我要静下来'的念头,回复于正常的境界,再调整心境静下来。"几天后,她回来当志工,我问她："现在怎么样？"她说："现在很好,很正常了！"

学佛,要启开智慧不只是听道理即可,必定是要用心下功夫。所以,初入佛门要先磨练自己的身体及心理。心要能经得起周围境界的考验,于人事之中磨练而能不摇动,若能达到此番境界,才能百尺竿头更进一步。希望大家都能体会圣人的心境；自己的心轮未转,绝对无法去转他人的心轮。

心念有时很奇妙,曾有一位病患来到慈济医院,连续哭了一个多月,而且晚上都睡不好。我到病房时问她:"你怎么了?"她一直哭着说:"一个多月来都睡不好,我好痛苦哦!"我就拍拍她的肩膀,拍了三下,说:"从现在开始不要再哭了,你拿经典的录音带来听,听后就会很好睡了!"结果她就真的拿录音带来听,渐渐地就睡着了。一觉起来后,她说:"从现在开始,我都不再哭了!"

后来我去看她,她就说:"师父,从那天开始,我天天听您的录音带,现在每天都很欢喜,而且很好睡。"这是一个心境的转变,所以我也不必说很多话;现在她见了人就说:"师父拍了我三下肩膀!我就睡着了,醒来就不再哭了。"这种情况就是心轮已转。

一个人要转别人的心轮,自己要先有相同的心路历程。我常说:"痛快!痛快!"痛的时候,要很高兴地让它痛,痛感就会很快地过去了,因为我自己的经历就是如此;我常在病痛中,很"痛快"地过日子,所以去转化别人心境时就很容易,可见要先转好自己的心,才能转他人的心,我们要在艰苦的环境中历练自己、成就道业。

始说四谛度同修

佛陀在菩提树下、金刚座上,发了菩提大愿,圣人之所以能成为圣人,就是有这分坚定的心志愿力;凡夫之所以永远是凡夫,就是少了这分坚定的志愿。凡夫吃不了一点苦,心志很容易动摇,不肯接受天地宇宙自然界的洗炼,稍有人事磨难即生退却之心,这是懦弱的凡夫境界。所以要想成为圣人,必先经得起大自然的陶冶与人事洪炉的锻炼。

佛陀体悟宇宙的奥秘及生命的真理,随即要把自己所悟的妙法宣扬出来,而对象就是跟随他修行、吃尽苦头,却因误会而离去的那五位同修者;所以太子成佛以后,首先就到鹿野苑去为他们说法。那五位修道者,远远地看到太子来了,便议论道:"太子已退道心,又不甘寂寞地来找我们,等他来了,我们都不要理他。"

但此时佛陀已具足三十二相,这是由内心修持所发于外的庄严形象,所以很自然地折服了他们。我常说:"修德、功德、福德,我们好好地下功夫,内心清净,一切德相自然会显现于仪态。"连走路、举手投足也都有德相,不论多微细的动作都能感动人,让人起爱敬心、欢喜心,这便是"德相";"德者得也",能得人心,自然受到尊重。

佛陀成道之后,说法四十九年,始自鹿野苑"三转法轮"。因为各人根机不同,同样的四谛法说了三遍,才让他们五位完全体悟。第一次说"苦集灭道"——苦,说明人生是"苦",苦从何来?是因"集"了一切人我是非、贪瞋痴慢疑,才会有苦,既然知道苦是从爱欲无明烦恼而来,就要"灭"掉苦,但是灭苦必须要下功夫修"道",所以叫"苦、集、灭、道"。这四个字很简单,其实三藏十二部经就是从"苦、集、灭、道"四法所发挥出来的真理。

佛陀讲述四谛的道理。第一位领悟的是阿若憍陈如,其他四位仍未完全了解。佛陀再一次将"苦、集、灭、道"四种道理详加分析,并问道:"你们了解了吗?"这次摩诃男说道:"我明白了。"另外三位还是不太了解。佛陀又再一次解说,第三次终于他们都明白了。

佛陀是大觉者,智慧超群,具有四无碍辩才,能以种种比喻让人信受。以佛的智慧、口才,只有五个人听法,他也必须重复三次,解说同样的法。而平常的法师说法,普天之下芸芸众生,又有多少人能透彻了解佛法的真理?

因此,我们现在听经,不要认为这些道理好像不久前才听过,就心生懒散,要自我省察——有多少佛法已真正印入心中,而且能应用于平常?佛法的修学,是要我们发挥所学,表现于生活修养。所以听法不可好高骛远,要将地基打稳,脚踏实地去做,第一层站稳再盖第二层,以此类推。《佛遗教经》是我们学佛的第一层基础,所以不仅要用心听,也要用心身体力行。

"人生是苦",看到大家,我会觉得你们都是幸福的人,但如果静静地自我观察,也常觉得我们都是"可怜人",为什么?因为有时还是懵懵懂懂地过日子。

例如,几个人到菜圃去摘菜,就可能会有几种意见,互不相让。我要摘空心菜,你要摘苋菜,另外又有人说:"有空心菜就不要摘苋菜了。"说不定把菜摘回来,煮饭的人看了又说:"今天下雨,菜叶上积满了沙土,那么脏,我还得洗上半天,怎么不摘瓠瓜,洗起来多方便。"看!四个人就有四种不同的意见,苦不苦啊!这么简单的事,还是有"是非"争执。

如能应用佛陀的法水,一次就把我们的心洗净,善加保持,不再受污染、随缘自在,则时时都将处在喜悦的生活中。

"离苦"说起来简单,但在实际生活中,要去掉"苦"却非常不容易。因为长时间累积了种种苦"因",致使人不得离苦,如果能彻底明白解苦的方法,便能离苦得乐,这叫"法喜"。比如:看病是一件苦事,不只是病人苦,医生也很辛苦。若是没有爱心的医生,一天到晚抱怨,认为自己为病人服务付出很多、功劳很大,便高傲不逊,这样即使把他捧成"活佛",他仍然处在"阿修罗"的境界中。

良医诊治入三昧

如果是一位好医生,你知道他有多快乐吗?曾经有一位从台东来的年轻太太,她的脚踝被车撞伤,整个踝骨都碎了,送到台东某大医院,医生说必须把脚锯掉。

这位年轻的太太听了很着急地说:"我要转到慈济医院。"于是赶忙于下午五点从台东出发,抵达花莲慈院已将近十点。陈英和主任(现任花莲慈院名誉院长)赶紧把她送进开刀房,整整花了五个多小时,把碎了的骨头重新归位,等到完全整理好已经快天亮了。医生出来对患者的先生说:"她必须开第二次刀,因为后脚跟的骨头都碎了,要想办法拿其他的骨头来补。"患者很感激他。如此一来,她就不必锯掉一只脚,免除了残废的威胁。

陈主任天天都去看她、为她换药。患者的先生说:"我没有见过这么好的医生,每天帮我太太换药时,就把她的脚轻轻抬起,然后弯着腰、把鼻子凑上去闻伤口,因为如果发炎、溃烂就会有臭味。有一天我到护理站去,想问医生何时再开第二次刀,陈主任站在看片箱前一动也不动,原来正在看我太太的脚骨 X 光片。他像老僧入定般地专心研究那张片子,我想叫他都不忍心,半小时后,他叹了口气,转过身来才看到我,说:'我一直在研究这只脚要如何补救?'"

过不久,这位先生想帮太太请假回家几天。到了门诊室,又看到医生在研究那张片子。他说:"原来他是这么用心,不论是在门诊或护理站,总是随身带着片子,用心地研究。"本来病患受的是身体上的苦,眷属所受的是心灵上的苦,而医生看病也有伤透脑筋的苦,可是我们的医生已经把治病当作一种"治病三昧"。他觉得一个病例在他手中,他必须全神贯注,去把病人的伤治疗好。

这种"医疗三昧",也是禅悦。患者遇到好医师,身体的痛苦就已减轻,心灵上也得到安慰,患者的家属也感受到那分温馨与快乐,这分真情流露的人生价值,是那么的真诚感人。病人说:"这回受伤很值得,很值得啊!"这就是把心中的苦轮转化了。

我常说:在人与事中好修行,如果有这分清凉的心境,世间还有什么好计较呢?所谓"明了苦因,才能断苦根源",我们要转化心中的苦轮,才能真正转法轮。

终度外道毕竟功

"*最后说法,度须跋陀罗*"。佛最初说法是在鹿野苑度五比丘,以憍陈如为代表,只有憍陈如在初转法轮时就能吸收、体会。经过四十九年的说法,最后佛陀将入灭时,须跋陀罗体悟了佛法的精要,所以经文有"最后说法,度须跋陀罗"。

须跋陀罗原本是外道教徒,他住在厂那城,已经高龄一百二十岁;一百二十年的岁月确实很长,在此之前,他完全接受印度外道的教育而修行。

在这段漫长的人生路程,如果他修学的教法是究竟之法,经历这么长的时间,应该早已是一位开悟的圣者,为何他在外道教中无法体悟真正的真理?那是因为他所修持的教法并不彻底,尽管他的寿命很长,还是一样迷惑于人生的生死,不知生从何来、死往何去,更不知在这段时间应向何种目标精进,所以他感到矛盾苦恼。但又不能立即接受佛法,因为有业力的障碍;其次是疑心与我慢的心态在作祟。

尽管早就知道世间有大智慧者在弘扬佛法,但因"我慢",让他无法对佛法产生信心,无法放下原先的外道信仰来接受佛教。所谓"信为道源功德母",我们若有信心,就有毅力;有毅力才有勇气断除过去的偏见,而接受现在的真实。

佛陀入灭前,他告诉阿难:"阿难,我四肢无力,已经走不动了,赶快帮我在双树林的树下,铺上尼师坛(坐具)。"佛陀就在那里休息。

佛陀即将入灭的消息传出去,须跋陀罗明白这是最后的机会,所以他赶快拿着供品——一盘羊乳来到佛陀面前,向佛献供,请佛为他说法。

佛陀最后的说法是八正道,佛陀一生的说法不离四谛法与八正道;四谛法开启人生来去的奥秘,我们为什么来人间?为什么有种种业?这些业其实都是人与人相处时,由人我是非累积下来的,我们应该赶快断除这些业因,所以要修道。

道在哪里?道有多大、多深呢?真正要修的道有八种方法,即八正道,我们要有正见(正确的见解)、正思惟(正确的思想)、正语、正业、正命、正精进、正念、正定,这些是日常生活中与人互相对待所应具备的观念,也是做人的基础。

三藏十二部经也是由四谛、十二因缘所衍生的,真正实行的方法则是八正道。我们若能把握住大纲,对三藏十二部经一切的法,就能透彻无疑。

四谛八法入佛门

佛陀最先宣讲"四谛法",最后说法是讲"八正道",这都是学佛的基础。佛陀在四十九年说法中辛苦地四处奔波,走遍印度恒河两岸,唤醒众生的迷情。但因众生的根机钝劣,而且人生世事太复杂,佛陀面对这些愚迷的人,只好不断地分析,不断地谆谆善导。

孔子曾说:"举一隅不以三隅反,则不复也。"木匠修理桌角,桌角应如何裁切,师傅只说一角的做法,徒弟就能将其他三角做好,众生也应该培养这分慧根才对。

"八正道"是学佛的基础,不论年长、年幼的人都不能离开八正道,阿若憍陈如接受佛法是在中年时期,须跋陀罗是在一百二十岁时,所以听受佛法是不分年龄的。

有人说:"修行要证得阿罗汉果并不是那么简单,要慢慢循序渐进。"其实不一定,要看慧根与智识,并且是否以最纯良的心来接受佛陀的教法?若肯用心学习,便能得一善而拳拳服膺,继而体会佛陀的精神,那种深刻体会的感受就是"觉悟"。须跋陀罗最后终于有了一心一志的正见,让心灵得到真正的安宁自在。

又如慈济医院第一任院长——杜院长,他往生后的面容比生病时更安详,直到最后,助念的人告诉我:"师父,院长最后要送入冰库时笑了,他真的笑了。"

杜院长过去不曾念佛,若说他种了念佛的种子,是从他往生前的两个月才开始。

那时我到医院看他,他说:"师父,本来我就很有心要跟随您,只是一直没有说出来。"

我回答:"你若是心有所想,就应该说出来,这叫做发愿。"

他说:"我都不会,所以没说出来,我是外行人。"

我告诉他:"还不晚,你应该要有宗教信仰。"

"师父,我信师父就对了。"

我鼓励他:"你要念佛。"

他又说:"我要念师父。"

我说:"师父常常念佛,所以你也要念佛。"

他说:"这样吗?那我念'师父,阿弥陀佛'。"从此他才种下念佛的因。

后来,他的女儿来花莲告诉我:"师公,自从您看过我爸爸之后,他好多了,这几天都起来走动,还说要练习到可以跪下来皈依,才能表示他的敬重。"志工们去看他,他也说:"我要皈依,而且一定要起来跪拜,才能表达我最高的敬意。"可见他心心念念都有虔敬信仰的种子。

一个月后,他对太太说:"我已经没办法起来跪拜皈依了,但你一定要告诉师父,你会替我跪拜。"后来终于选在星期日为他皈依,他还是念"师父,阿弥陀佛"。

六十九岁的寿命不算短,但是,他发心信仰的种子到底有多深?他一辈子念佛念得最殷切的,就是这一个多月的时间而已;不过,他往生时,面容却非常安详。

那天来来往往为他念佛的有一千多人,放入冰库时,很多人都看到他笑了!是不是佛来接引他?若真是佛来接引他,这也是修行的功夫;但他终究还是会回到娑婆、回到慈济世界,继续完成慈济志业。他已真正找到人生的目标,得到心灵的光明,以智慧照耀着自己的前途,所以他笑了,这也可以说是一种涅槃的境界。

我曾说过:"我们要活生生地往生,并不是咽下最后一口气才叫往生。能舍去昨天的烦恼,就代表昨天的种种已经放下;能唤醒今天的智慧,就是今日得解脱。"

修行要修得解脱,须将前一刻的烦恼放下,用清明的心境来转化周围的烦恼。所以说:"舍秽土为乐道。"要将心境放在清净、光明的境界,这才是活生生的解脱与往生;不要等到最后一口气咽下了,但能否真正往生净土却不知道。

我们要好好把握时间,把烦恼的人生转为幸福、快乐的人生,这也叫做"涅槃"。心不受环境的动摇,达到清净、光明、安定的境界,这叫做"寂光土";若心不迷茫,心智光明便能得度。

志工见闻趣事多

每天早会我都要聆听志工们的心声,他们都会报告在医院所接触到的见闻与心得。

有位志工年纪虽大,但她不服老,仍发心担任慈济委员。委员收募善款必须记下会员的姓名,她不识字就想办法以画图作记;当志工有时也要送病历,不识字就没办法送。她自认不能输人,必须多学习,后来不仅学会识字,也学会念经。

最近她回精舍学《普门品》,首先学"杨枝净水",回家时也很认真地学念"杨枝净水",不知是她念走音,还是她媳妇听走音,媳妇说:"妈妈,你现在这么忙,怎么知道'长庚缺水',那荣总不知有无缺水?"

她怎么学认字呢?比如:若要送病历表到内科,她就认四方方在里面有两画的就是"内"科,外科的"外"就是有一画撇向外,骨科的"骨"就像是双腿有拐杖支撑着,这就是她不服输的秘方;久而久之,她也能学有所成。

有些人也有那分学习的心,但是都有"我相"——我不懂却不敢学,怕让人说我不懂、不识字,这就是我相,也因此永远都不会。而她学一样、懂一样,虽然惹了些笑话,却也带出许多乐趣来。

学佛也一样,不要认为佛教的道理很深而不敢迈开脚步,应充满勇气、信心,走向理想的道路。其实,佛教的道理十分生活化,是要教导我们人生如何走得无忧无惧,轻安自在。

凡夫地是起点，成佛是学佛者的目标，从起点到目标这条路就是八正道、菩萨道，所以佛法并不深奥；我们要将人间菩萨化、菩萨人间化，将菩萨的精神注入日常生活中，必定要有一个目标，而且必须身体力行，目标就会愈来愈近。

"所应度者，皆已度讫"，佛陀以智慧观机逗教，他有绝对的恒心，为众生开方便的教法，但不离开实相，这就是佛陀的真智慧。众生多数是心性不定，虽然本具佛性，却迷而不悟，平时所用的就是"任性"，听任我们的凡夫心成为自我欲念的奴隶；而佛陀为应众生的根机，所以开启种种方便法门。

佛陀在人间成佛，其实，过去生他已经历了三大阿僧祇劫，不断地来回于人间，付出慈悲悯念众生，至此世成佛，只不过是"八相成道"中的一相。在他成佛之前，就已经结下无数的善缘，至因圆果成时即成佛，而当时与佛有缘的人都已得度。在那时得度的人是过去所结的缘，而佛陀当时又结下许多未来的缘，所以我们现在听到佛法会起欢喜心，能够生起愿意探究佛法的心，这就是缘。

"于娑罗双树间,将入涅槃",佛入灭的地方是在娑罗双树下,娑罗是树名,是坚固的意思。它的形态是"此树四方各二,各各一荣一枯,上根相含、下根相连",双树树枝延伸四方,同株生长,一边是茂盛的枝叶,另一边是枯枝,这是娑罗双树的特色。佛陀选择娑罗树为入灭的地点,因为它有"表四德,破于八倒"的意思,"四德"是佛德,"八倒"是众生的偏执。

佛法有时愈解释愈深奥,若将佛法的精神应用于日常生活,才能真正受用,若是一直在白纸黑字上探求,就如用钻子钻木,愈钻愈深、愈深愈难自拔。所以学佛要从浅显入门,由日常生活去实践,不要在"相"中转不出来。

志行坚定为常德

佛陀所具足的四种德行:第一是常、第二是乐、第三是我、第四是净。德者得也,想得到"常乐我净",必定要下功夫锻炼身心,将内心的修养呈现于外就是德相,所得到的就是德。佛能具备四德,也是经过长久时间的身心修养,不只是一辈子的修养历练,而是累积了无数生的功德,才显发他的本性。

常是恒久不变的意思,不只是此生志行坚定不变,未来也仍然一样,这称为"常德",恒常的德行。涅槃不是死,而是常寂的意思,时时保持平静不冲动,心行光明正大,这是人人本具的慧性。

众生之所以容易冲动,是因为凡夫心遮蔽了本性,致使前途黑暗,才会引起惶恐。很多人为了保护自己而不择手段,比如:有些劳资纠纷,劳工上街头示威,争取提高薪资、工时要短,看病不用钱、退休要有养老金,却未曾考虑到经营者的困难。

经营者必须负担员工的生计,还要面临社会形态的起伏不定,的确很辛苦;而有些劳工并不考虑经营者的业务情况,没想到公司健全,自己的生活才能安定,这就是短视、缺乏智慧的人生。本来清净光明的境界,因自私迷昧而成为凡夫,无法获得涅槃清净光明。

涅槃是寂静清净、安定光明的境界,心不摇动,不受外境迷惑,若得涅槃常寂光的境界,就无生灭的烦恼。佛陀说人生之所以苦恼不断,是因有生灭无常,不只是人命危脆无常,连天地宇宙也一样有不测的灾难、变动。

记得慈济医院刚落成时曾发生地震,病人从床上被震下来,前后十多天大大小小共有几百次的地震。在那段时间,大家就像惊弓之鸟,有时连大卡车经过,心也会惊跳一下,这就是定力不够、有生灭的烦恼。

又如大陆水灾,大雨下不停,造成了山洪暴发,长江流域的水涨过警戒线,洪水、山崩淹埋民房,死伤无数,这就是天灾。

世间很无常,周围的境界有什么是恒久不变的?就以精舍为例,有人说:"师父,我几年没来,精舍的环境都变了。"的确如此,几年前与现在的建筑已经不一样。

我们的环境不断在变化,更何况是世间?都市的人车一天天增加,交通也一天天壅塞,以前市区若塞车就上高速公路,现在连高速公路也塞车;专家们依未来的人口、社会的变迁而估算设计出来的高速公路,仍赶不上社会的变化所需。

尽管周围的环境很自然地变动,我们学佛则要学习如如不动，只要心不动、意志不变，就能处变而不惊；唯有在变动中修行，超越烦恼、安然自在，这才是学佛的目的。

佛有常德，也就是恒久不变的心志，哪怕再辛苦、再大的牺牲，也在所不惜地为众生付出，因恒常的心志已根植于他的性。心与性不同，心是指凡夫心，有决心但缺乏定性，因此极易被环境所影响，意志也容易动摇。

德就是有涵养，功夫已到忍人所不能忍、忍而无忍的程度，这就是德。开始决心修行时，当然会感到人我是非的烦扰，若能以智慧观照、安然自在，人事就伤不到我的心；"是"我也不特别高兴，"非"我也不生气，肯以这分决心修行，就能显发本性，如此"常德"就能日趋坚固。

不只是修行，世间的学业、事业也要下决心学习，忍苦耐劳用功努力，最后才会成功。

修行到最后就是成佛的境界，不再有生死轮回。但是，佛教大乘经典中时常提到，佛与菩萨并不停滞于清净的世界，他们时时"倒驾慈航"，为众生的需要而发挥良能，度化众生。

所以学佛千万不要执著，切勿只为今生此世"求解脱"而修行；我们必须了解，这只是佛陀教化众生的方便法门，真正的实法是要我们看清不净的身体，以及无常的物质、名利；若能彻知其理，自然就没有苦恼的感受，进而能成就解脱道。

"涅槃之体寂灭永安，名之为乐"，涅槃就是光明寂静的境界。

"寂静"是描述内心不受环境所动摇；"光明"则表示人生的方向正确，不会受人我是非所迷乱，这就是真正安乐的境界。

那先比丘谈福乐

以前有一位那先比丘，幼时即智慧聪颖、出家学佛，在少年时期就已经有所成就。他在古寺丛林中与大众共同生活，丛林里有一个规矩，就是必须外出托钵。当时有位施主很有钱，也很发心护持道场，而老和尚曾订下一个规矩：大众轮流前往托钵、接受施主供养，但不准和施主说话。因为老和尚认为施主请法时，如果答得不正确，反而会扰乱施主的正念。

因此虽然经年累月地布施供养，大施主却一直无法真正体认佛法。有一天，轮到那先比丘去托钵，老和尚要那先比丘口含着水出门，不可吞下去，也不可吐出来，必须含着水再回到丛林。

那先比丘依照规定，口含着水来到大施主家中。施主见到这位年轻比丘，生起欢喜心，看他的相貌、举止有着一分斯文气质，觉得他必定不同凡响，不由得生起求法之心，殷切地请法。那先比丘心想：我来乞食养我的身体，而施主如此虔诚地请法，我怎能辜负他呢？可是如果开口说法又违背丛林规则，我该如何取舍呢？

最后他决定以利益众生为前提，于是将水吞下，为这位施主说法。布施了十几年的施主，只是一直在造福，始终无法真正开启智慧，直到这一天才真正体会佛法的奥妙；他智慧顿开，法喜充满，随后把最上等的供养装入钵中。那先比丘看到这些供养，想将这些食物带回去供养老和尚，就极恭敬地将钵带回丛林。

老和尚知道那先比丘已破坏了丛林规矩，便召集大众，要以丛林的规则处罚那先比丘——将他赶出丛林。

尽管也有长老说情,但是多数人仍然无法谅解,于是将他驱摈出去。

那先比丘虽受到众人批评,却依旧保持安详的心态,认为学佛、学法就是要将"法"施予众生,自己所做的一切,并没有违背佛陀利益众生的教法,因此他觉得心安理得。离开丛林的那先比丘找到一个宁静的地方继续修学,并检讨未来所应走的道路。

岁月如梭,几年之后,他对佛法的体悟已洗练得更加透彻,并体会到宇宙中春、夏、秋、冬的无常变化,以及人性的固执。尽管已在修行,但有些人还是保持一分固执的心念;那先比丘觉得非常可惜,这只是"小乘法"自我追求的执著境界,因此他下定决心要弘扬"大乘法"。他离开深山茅棚,回归丛林向大众说明、寻求谅解;大家被他的理念感动,也慢慢地接受大乘佛教的精神。

这段期间,有位国王对于外道教理研究得很透彻,而且常常找人辩论,他认为道理是愈辩愈明;这位国王十分聪明,辩才无碍,因此他找遍全国的论师,都没有人能折服他。有一天,国王向身边的大臣说:"普天之下,似乎没

有一个人体悟的道理可以胜过我,你想还有谁的学问、道理可以胜过我?"

那位大臣回答:"一切的外道教徒,的确胜不过国王,但是沙门释子所谈的道理,和国王平常谈论的不同,不妨找佛门弟子来辩论一番。"

国王就叫大臣去邀请一位当时在国内很有名气的出家人,这位修行者见到大臣来邀请,就说:"国王找我谈话当然很好,不过,他是求法的人,应该请他来才是。"

于是,国王抱着谦虚的心,亲自到寺院求法。他一到寺院就问:"和尚,请问你:修行为什么一定要抛妻弃子,落发出家?"

修行者回答:"为求大福,所以我选择出家修行。"

国王又问:"在家修行是否也可以修福、利益一切众生?最后是否也能得福?"

修行者就说:"也可以的。"

"既然在家出家都可以造福人群,最后也同样能得福,那你为什么要出家?"国王再问。

这位修行者却无话可答。因此,随行的大臣们都鼓掌说:"国王又胜利了。"

国王回到宫内向大臣说:"你看！虽然是出家修行的佛弟子,也让我辩倒而无话可答。"有位大臣就说:"还有一位那先比丘,是不是也请他与国王论道?"国王也很高兴地答应,要大臣请那先比丘前来辩论道理。

那先比丘听到国王的邀请也很欢喜,他随着大臣来到宫中,国王便问他:"何者最大利？何者最大富？何者最大厚？何者最大快?"那先比丘回答:"安稳最大利,知足最大富,有所信最大厚,泥洹道最大快。"意即——人若能平安,心就会很安稳,这就是人生最大的利益;若能知足,就是最富有的人。

有些人常觉得惶惶不安,担心会被占便宜,常常处在"疑"与不安的生活中,这样的人必然很苦。不要贡高、我慢,也不要认为自己很精明,这都不是真正的利益,能有真正的安稳,才是最大的利益。若不知足,即使当国王,国家富裕却不知足,一样是很辛苦,因此,"知足最大富"。

"有所信最大福",人有正确的信仰,自然就有这分厚德,待人忠厚。待人以德,必能得到很多人的敬爱,所以人一定要有正确的信仰。

"泥洹道最大快",泥洹就是"涅槃"。佛陀的教法、戒法,是通向安乐之道,我们若能真正入道,依照佛陀的正教实行,就能过着安乐的生活。总之,心能时时平静、知足、安稳,以正信行走在正道上,不亏待人、不做亏心事,就能够快乐。所以说"涅槃之体,寂灭永安,名之为乐",这就是佛德,我们学佛也就是要学习这分"常乐"。

真如本性展良能

"常、乐、我、净"四德,现在解释"我德"。众生的"我"是以自我为中心,但佛陀却不是如此。"我"有两种解释:一是就体自实名为我;二是就用自在名之为我。

"就体自实名为我",凡夫所说的"我",是以凡夫心执著于虚幻无实的"假我",以凡夫的见解来面对人我是非;佛陀则是用"真实"的本性之我面对一切。

在佛称为"性",在凡称为"心";此处所说的"我"即指"清净本性",这分清净本性是"实",无生无灭,有生灭的称为"假",是幻化的。佛陀的"德"已成就恒常不灭的本

性,称为"实我"。

其次,"就用自在名之为我"。前面所说是真如本性的"实我",现在则是从"用"的方面来说明:譬如一盆水,水没有一定的形态,若倒入圆的器具,水的形态就变成圆形;若将水倒入不规则的容器中,它就会随各种容器的形状而改变,虽然是随形变化,却没有离开水的本性。

正如佛性是大慈悲心,佛在六道中,有时化作天人,度化天人;有时则示现人的形态,以身作则度化人间。除此之外,佛也会示现畜生、饿鬼、地狱、阿修罗等种种形态,随着六道众生的需要而现形发挥功能;不论佛以何种形态示现,都没有离开原来清净的本性。所以"用",意即随形现身,自在地示现众生所需求的身形与功能,佛陀的"用"就是随顺众生所需而现形。

古人所云"世界大同"与此意境相似,若能"以天下之乐为乐,以天下之忧为忧",去除凡夫互相争斗、争夺的心,这就是大我的心态,近似于佛的本性,而凡夫却常常执著于"小我"。

就如那先比丘对弥兰国王所说的"人,安稳最大利,

知足最大富,有所信最大福,泥洹道最大快"。我们的心若能得到安稳,就是人生的最大利益。

世间有许多人祸,很多国家不断地战争,为了侵占其他国家,不惜牺牲双方人民的生命,却只是为了满足少数人的贪心。人的行动、作为其实只在一念心,心能知足,彼此就能相安无事,所付出的心血、建设的成果,才能不断增加。

所以那先比丘向国王说:"知足最大富,有所信最大福。"我们要能知足,有正确的信仰,才能发挥爱心。若以这分爱心彼此付出,人生就不会孤单,在我们周遭所有的一切都能汇聚厚德。孔子曾说:"德不孤,必有邻。"拥有厚德,就能聚集很多有德、有心、有爱的人,所以,知足和正确的信仰是人生幸福之道。

还有"泥洹道最大快",泥洹就是涅槃寂静的佛道,走上菩萨的康庄大道,那就是通向成佛的正确道路。

国王听了,觉得很有道理,不过他希望得到更彻底的道理,又继续问道:"听说你的名字叫那先,到底头是那先呢?还是眼睛、耳朵是那先呢?"比丘回答:"都不是那先。"国王再问他:"是不是你的手、脚、身躯是那先?"他也摇摇头:"都不是。"

国王又问:"你的内脏、肠、脾、胃、心、胆、肝,哪一样是那先?"比丘说:"都不是那先。"国王说:"既然从头、目、手、足、心,甚至体内的五脏六腑,没有一样是那先,你为什么叫做那先?"那先比丘反问国王:"国王,何为国土?一木是国吗?"国王说:"一木不称为国。"那先再问:"一河、一地称为国吗?"国王也回答:"一河、一地也难称为国。"

那先比丘就说:"一个国家是由许多的名相物质所组合。人体也是如此,只是一切物质组合起来的假名字相,天地宇宙之间并没有一个'实我'及'实物'。"

那先比丘接着分析四大假合的道理,将佛陀所说的教化,化整为零,藉四大——地、水、火、风的性质,和合一起称为一物;他将所有东西一一分析,原本是"有"的分析之后,就"没有"了。土归土、水归水、火归火、风归风,最后连四大的本身都没有实在的物质。

总之,一切万物都是由许多因素综合而成,离开四大假合，我们的身体也没了。所以身体是虚幻不实、不净、无常的，这叫做"假我"，也是凡夫所执著的小我。"实我"就是佛性，是恒常清净的本性，从始至终都是不增不减。

凡夫因为执著小我、自私的我，所以不得自在。若能将所做的一切，不论是在内心或形象上，时刻都能与佛心相契合，没有个人的私我，展现出来的就是自在安稳的"大我"。

随化处缘不染污

净德，净即清净之意。由于众生心的烦恼，加上后天环境的污染，所以每个人的习性各有不同；习性不同，习惯也就不同。如果人人都能反观自性，去除凡夫心，表现出原来的本性，这就是"反省"的作用。

每个人都会有错误的观念，所以要常常自我反省，才能警惕自己；如此，心地就不会受到环境污染，而保持清净的本性。人人的本性能够显现出来，我们的世界就是清净的佛土世界，所以"净德"的成就，要从自我反省、净

化开始。

想要达到涅槃的境界,必先调伏习气;若能培养良好的气质,去除凡夫心,就能回归清净光明的本性,所以"解脱一切垢染,名之为净"。

"又随化处缘而不染污,名之为净"。佛陀倒驾慈航,随众生的缘而现身六趣(六道)——地狱众生很苦,就随顺因缘,化身于地狱教化众生,此外,也能化身在畜生道,并且不受恶处众生的无明、习气所感染。

凡夫容易受外在社会所污染,而佛菩萨即使在最乱、最坏的环境中,仍能保持本性清净,不受污染。

娑婆世间哪里是清净的呢?大家常认为观光区最美、最清净。其实,愈美的观光区可能愈肮脏。如果注意新闻报导,就会发现很多美丽的观光区都有垃圾问题,人类很容易污染空气与环境,本来是清净幽雅的环境,因为人们的污染,就变成脏乱的地方。但是,有些地方在一般人心里,原本认为是会传播病菌的环境,偏偏那里才是真正的人间净土。

心莲绽放乐生院

譬如台北有一所"乐生疗养院",那是一所麻风病院。从日据时代开始,病人就与外界隔绝。大家都不敢靠近那里,怕被他们传染。但是,我在七十年代,乐生院的环境还未改善时,曾请人为他们修整环境,因此结下这分善缘。

当我们开始筹建慈济医院时,他们反而帮我募款。他们的生活大多靠政府补助,一个月只有六百元生活费,为了响应盖医院,他们每个月拿到钱,第一件事就是将要参加慈济的会费捐出来,其余的才做生活费用;甚至他们还在院内呼吁卖"心莲",那时一朵心莲一万元,有的人以分期付款方式,完成个人一万元的心莲,共募集了一二百朵的心莲。他们每个人的心就像朵朵心莲一般,出淤泥而不染。

院中有一位宋金缘老菩萨,她的眼睛虽然已看不到,五官被麻风病菌侵蚀得面目全非,手脚也不灵活,但是她却有一分澄澈的智慧。我们所看的经典是白纸黑字印在

书上,而她的经典则是记在自己的脑海中。

一般人能把《阿弥陀经》或《普门品》、《金刚经》背熟,就已经非常不容易,但她除了这些经典之外,还能把《地藏经》背诵出来。她眼睛看不到,只能靠别人读诵教她,她听在耳里、记在心底,一句一句慢慢学,也能将整部经背熟,连我所解释的,她都非常明朗地记在心里。里面的同修者,内心已被佛法净化,他们没有人我是非的烦恼,只有专注的一念——念佛;他们的行动只有一样——行菩萨道。

宋老居士的大哥住在高雄,已经往生,后来她分得一份财产。又因为大姊也已经往生,无法分到这份财产,她觉得过意不去,就拨一些给大姊的三个儿女,每人都给了一百二十万。本来这些子侄辈拿不到这些钱,但她却有利益均分的度量。一般人可能会去争夺、计较,恨不得自己能多分一些;而她却没有这种心机,愿意将自己应得的财产与人分享。

她的大哥在世时,也希望佛教有一所大学。她知道慈济除了救济、医疗外,还有创办大学的计划,所以就把剩下的钱,拨二百三十万投入慈济建校基金。听到这个消息,我非常感动,因为这分虔诚的功德已遍满虚空。

这些示现苦难的菩萨们一直住在救济的机构,却能将仅有的钱做有意义的处理,这真是大慈、大悲、大喜、大舍,是最清净的布施,也就是净德。"乐生疗养院"是一般人士认为不太好的地方,但我却认为,那里是现在社会最清净、美好的地方,也是菩萨的一方净土。

他们虽然身在恶劣的环境中,但是他们内心很清净,并且互相鼓励、鞭策,谁说他们不是倒驾慈航、化现人间来警惕世人的菩萨呢?这是娑婆世界堪忍的地方,难道他们不是在现身说法?尤其是那分难忍能忍、难行能行的菩萨行,才是真正的难能可贵。他们能够发挥净德,我们同样也可以,希望大家远离人我是非,好好洗练我们的凡夫心,让它变成清净的佛性。

凡夫执著意颠倒

"八倒",即是凡夫迷茫执著的八种"转倒",无常执为常、不乐执为乐、非我执为我、不净执为净是凡夫的四倒;

非常、非乐、非我、非净是二乘的四倒。凡夫执迷将事物反复颠倒,所以叫"转倒"。"转"即反复,一个盆子正放可以盛水,若倒放就无法装水了;同理,众生的心若端正就可以吸取佛法,心不正则永劫沉沦。

"常"——佛陀所说的无常,凡夫都视为"常",误认为世间的事物都是真实的,凡事以"我"为中心而贪执地追求。社会上有许多精神异常的人,就是因为心有所执,追求不到所爱的事物就起烦恼、想不开,日夜苦思烦闷而睡不着,精神不得休息,于是紊乱了精神,这就是"执常"的心病,不了解"因缘聚则生,因缘散则灭"的世间真相。

有人想找修行的捷径,认为坐禅可以立地成佛,或是修密可以现世解脱,但是,这种捷径一不小心就容易偏离正道。现在有许多人因为对佛法不曾彻底了解,一味盲目追求而产生不健康的心理,于是痛苦就随之而来。

人生在世学得一技之长就能求得温饱,但是有人钱赚得多却仍觉不够用,还不断地绞尽心思去赚钱、享受物质,甚至炫耀财富,这也是执常。

放眼世界,各地不断发生地震,瞬间摧毁了多少宝贵的人命和辛苦建立的家园,造成人心惶惶不安;连坚硬的地壳也没有平静恒常的形态,这世间多么无常！法国南部有座千年老树林遭大火烧毁,火势延烧多日,可见千年老树也非"恒常"的存在。又美国有架飞机刚起飞就紧急降落,不幸坠毁造成多人死伤,文明的社会交通非常发达,但有谁会想到搭上这班飞机,竟是走向生命的不归路？这些都是无常。

佛陀教导我们要有无常观,宇宙无常、身体无常,人的情绪也有喜怒哀乐的无常;一般人没有用心体会无常之理,所以将无常执为常,这就是凡夫的颠倒——不断对周遭的事物追求、计较,以致陷入痛苦的深渊而不能自拔,这是第一种颠倒。

"乐"——佛陀告诉我们世间没有真正的快乐,可是许多人却以不乐为乐,认为争名逐利可以得到快乐的人生;有的人在歌台舞榭、纸醉金迷中找寻快乐,不知道这正是罪恶的渊薮;我们也常看到新闻,在娱乐场所常发生打杀事件,就是"以不乐为乐"的悲剧。

有的人在求学时,怀抱着满腔奉献人生的理想,等到毕业后可以发挥功能及奉献时,却经不起社会的诱惑而颠倒。有人献身政治、法律,想整治国家使社会安定、人民循规蹈矩;然而,一旦受到名利诱引,为了私利,也会做出贪污、出卖国家人民利益的事情。原本清净、充满理想的人,最后也会自造苦因,忘记当初的抱负。

学医的人原本抱着悬壶救世的精神与爱心,毕业后一走入社会,有些人就忘了予乐拔苦的初衷,而汲汲于争名夺利,这是转乐为苦,本来是种好因,最后却变成苦果。若能恒持助人之心,发挥良能,让人格升华,发扬人性光明面,就不会反乐为苦,以不乐为乐。

"我"——世间最污秽、罪恶的就是这个四大假合的身体,凡夫却将身体当成恒常的"我"。其实人命在呼吸间,凡夫在"有我"且"执我"中发生许多问题和罪恶。

曾经看过一则报导,一对夫妇不能安分守己,反与黑道勾结而开设赌场,他们身怀巨款出门后,不料被黑道杀害,尸体在两三个月后才被发现。这两位被害人因"有我"、贪得不义之财,而想开赌场骗人;杀人者也因"有我"、贪得暴利,才会"黑吃黑",这就是凡夫执我的颠倒。学佛,要好好利用这个身体为众生服务,才是真正清净的"我"。

"净"——我们走进医院时,可以发现最臭的气味是发自人体,社会贫穷的角落大都晦暗恶臭、破烂不堪。但凡夫却常以"不净为净",而有财、色、名、食、睡等五欲的贪求,贪财的以财为净,贪色者以色为净……殊不知五欲都是不净之因,这是凡夫的颠倒。

学佛必定要学得正确的思想,不以争名逐利为乐,不以四大假合的身体为我,不以不净为净,就不会为了五欲而产生颠倒。能明了真理、彻悟人生,才能得到真正的快乐与清净。

不执有无行中道

修习二乘者的"四倒"则是执著"非常、非乐、非我、非净",了知世间没有一样事物是恒常的,将一切执著为"空",因此他们没有心欲,只求了脱生死,无法了解佛陀的四德。

曾有位一直想读佛学院的小姐来到精舍,我问她:"你有没有到医院去看看?"她说:"有呀!"我问她:"看过之后有什么感想？"她回答："感到人生无常，所以应该好好把握时间，我想赶快探求佛法，希望三年后能再回来帮忙，说不定我也会找个道场去修行。"

其实，过去心不可得，未来心不可得，人生无常。她忽略了——明天会怎样都不知道，更何况是三年以后的事？以我自己的人生观而言，很难想象一千多个日子之后的事情，所以我必定把握当下的时刻，尽量发挥生命的良能。而有些人在事相上觉得"非常"，在理相上也执著"非常"，这也是颠倒。

人生非乐，这是想修行的人所认知的世相，认为荣华、名利、地位等都不是真正的快乐，因此要放下一切去修行；这是个人的认知，但是，自己人生方向的抉择、争取，却可能带给家人心灵上的痛苦。

台东有位委员曾告诉我，她的一位幕后委员原本有个女儿有心想修行，父母希望她能到慈济，追随师父一段时间后，等道心坚定再出家。但是，他的女儿在参加毕业典礼后，就落发出家了，连回家向父母禀告、辞行都没有，让她的父母非常痛心。

她的父母并不反对她修行,只是担心她在修行的道路上方向是否正确?其实,这件事双方都没有错,只不过在人事与道理上不够圆融。人生若要行在真理的道路上,必先尽到人伦孝道,哪个父母不关心孩子?希望孩子能修得身心清净,同时对人生也有所贡献,这是父母正确的思想。但是,为人子女者是否能体会父母的苦心?

有些人执著一切"非我",但是,事实上却时时又有个"我"。曾有一位修行者来此健康检查,他说出家这几年来,常常去检查身体,医生都说没病,可是他总觉得自己全身是病。我问他:"出家几年了?"他说:"四五年。"我又问他:"你常住的寺院在哪里?"他说:"我到过很多道场,却都无法安定下来。最近,到外面租房子。""为什么不好好住在丛林里?"他说:"为了弘法,需要认真研究佛法。"

像这样,要谈"无我"、舍掉"自身"来弘扬佛教的事业是否可能?有很多人偏执于舍弃小我、成就大我,结果却是以小我去依靠大我,无法彻底了解——真正的修行必须先放下我执,"把小我融合于大我中"。

虽然人与人相处,难免有人我是非,但是,如果已真正修到"无我",又怎会有人事的烦恼,既然不会烦恼,那么处处都是道场。所以有些修行人执著"非我"的道理,要争取真正属于自己的修行环境,这也是颠倒。

执著"非净"——认为社会上一切都是污浊的、非清净的,于是要舍离人间。佛陀的心境则是:即使再污秽的环境也可以转化为美好的境地;再恶劣的人也可以逐渐教化成为好人,如此自身才能安然自在地合群。假如将人间丑化,任由环境不断地恶化,那就没有一个地方是净土了。

烦恼是由自己的内心所生,比如香和臭、脏和净,也是出自内心的分别。有些人嗜吃皮蛋、臭豆腐,这些发臭的东西,他们吃起来觉得很香,所以,香臭并没有一定的标准。

学佛如果执著,不论是凡夫的执著,还是修小乘法的"偏空"执著,都不是中道的思想。

学佛要取于中道,净化现实的境界,即使有很多烦恼的境界,也不能舍离这些烦恼的人群。如果看到人群就生起"非常、非我、非乐、非净"的心态,就容易逃避现实;而凡夫执著于世间"是常、是乐、是我、是净",欲心就永无止境而容易造罪业。

真心修行,必须培养智慧和恒常的大慈悲心,在人群中身体力行,不受人我是非所扰乱,才能安于为人群服务而不受环境的干扰。

以上八种烦恼与颠倒是我们必须注意的项目,"常、乐、我、净"应如何发挥效用?端看自己所选的是正道或偏狭之道,有如手心、手背,如何运用完全在于自己。如果我们能好好运用双手,则事事能成;如果认手背为手心、用于搬运,当然会事事受阻,因此全看自己如何发挥功能。

佛陀之所以选择在娑罗双树下入灭的意义,是要教导世人"四德八倒"的真谛。凡夫的生活大都随心所欲,并不用心;其实,我们的言行举动无不是有因、有缘、有果、有报,这叫"因缘果报"。

无明自私障修行

一般人对于自己的言行往往都不经思虑,开口动舌,一不留心就讲了不负责任的话;想发愿就发愿,事过境迁后,心念也跟着改变了。这就是凡夫对任何事情都没有自我负责的观念,所以才会常常造口业、道人长短,对比较投缘的人,就袒护他;对比较不投缘的人,就毁谤他,却没想到种了什么因,将来结的就是什么果。

佛陀在娑罗双树间"将入涅槃",即将舍掉无常的身体,但他所证悟的是常寂光的境界,所以称为"入涅槃";也就是舍离世间一切人我是非及生、老、病、死诸苦,达到安详的境界。

佛陀不是为了自己要成佛而修行,如有"为我"的自私心、污染心,将永远无法成佛。佛陀责难那些只为自己求解脱而修行的弟子为"焦芽败种",不是健康的修行之"因"。

学佛,必定要有健康的心理,才会有那分毅力、勇气。就像我们以前种花生,播种之前,要先选择优良的种子才种入土壤,再把土壤踩踏结实。几天后,到花生园走一趟,就会发现所种下的健康种子已发芽,也将结实的土壤撑开,它将来就能生产很好的果实。若是种下不好的种子,土壤也松松的,那么长出芽来就差不多已经要枯黄了。最好的种子,也必须有坚实的土壤,种子在突破、发芽后,才能够抬头挺立,这也是一种毅力、勇气。

学佛,要学这分真正的毅力、勇气,种下为众生而修行的因,能舍私我、为众生,将来才能成佛。佛陀并不是常住在"常寂光土",他还是时时倒驾慈航而来;虽然结束了人生八十岁的寿命,却是暂时的"现相入灭",然后再到人间度众生,所以娑婆世界就是释迦牟尼佛的净土,他的寂光土就在娑婆世界中。

心行处灭无挂碍

"是时中夜",佛陀入灭时刻为什么不是早晨,不是中午,却在中夜?这当然有特别的意涵,也表示中道;入夜之后,经过一段时间就是黎明,以此表示凡夫在迷茫之间,若能接触佛法,就能反黑为白,去除迷茫、迎向光明。

佛陀示现人间的岁寿也有尽头,何况是凡人?这是在警惕我们,每个人的初生就像日出之时,然后历经早晨、中午、黄昏,又到太阳下山的时候,而夜晚的尽头又正是黎明将到的时刻。所以"生是死的开头,死是生的起点"。

佛陀一生都以身教来教育众生,不论何种形态,都具足教育的意义。修行要有始有终,发了愿就要落实于行动,才会产生力量。佛陀的修养,不论举手投足或是言谈,没有一项不是在启发我们的行动与力量,所以学佛要多多培养自我的气质、人格与修养。

"是时中夜,寂然无声",还有另一层意涵,是指"心行处灭",没有忧恼,佛陀之所以和我们不同,差别就在于此。他示现在人间,有亲爱的眷属,也有浓厚的法亲之情,但他要入灭时,虽显现出难舍的形象,其实在他内心,过去的早已过去,没有留下任何痕迹,也没有任何的烦恼。

修行要修在当下此刻,常识也是为了当下而学习,并且即时可以发挥功能;做事,就要集中精神,不可停留在过去,如果我们的心思时常停留在过去的人事,就是心有所染著。佛陀说:"过去心不可得。"所以"心行处灭",意指过去的种种并没有沾染于心,这表示寂静、常寂光的境界,佛陀的心一片光明,就像天上的太阳。

若太阳不被乌云遮蔽,阳光就可以明亮地照彻世间的各个角落;假如有一片乌云遮住太阳,就会有一片阴影。同理,烦恼的心念非常可怕,它会遮盖我们原本清净光明的本性。所以,学佛要学习心行处灭,没有挂碍,"心无挂碍故,无有恐怖",人生就可以来去安然自在。

"寂然无声",在佛陀将要入灭时,在场的人内心有两种心态:一种是依依不舍,满怀生离死别的哀伤;另一种心态是静寂,几十年来都跟随在佛陀身旁的弟子,已深入法要,所以,他们非常寂然安静,期待再听到佛陀微弱的法音,珍惜最后闻法的机会。

佛陀示现灭度,也是要警惕我们生命无常,这是以境界示现而说法。就像我在医院看到急诊室的病患时,每一次都有深刻的感受,这也是一种非语言的说法。生老病死诸苦的超越,是佛陀用心说法四十九年的目的;但是,真正的道是"非言说"的——用言语很难完全表达出来。

有很多道理,我无法用双手呈现给大家看,只能用言语来描述佛陀心灵的境界,这实在是"不可得",不但无法描述佛陀的境界，就连描述自己的看法，所表达的也只不过是千万分之一，所以说"言语道断"。但是我们可以用心去观察、体会，就会明白佛陀的肉身虽已寂灭，但精神却遍满虚空法界，又有哪个角落不是充满佛的法身？只要用心去看，则一花一世界、一叶一如来。一片树叶、一枝草都有佛的法身(真理)存在。

"为诸弟子略说法要"，佛陀临入灭之际，他还是尽心地负起使命，以慈父悲母之心，为弟子们说法。因为已经是中夜，离佛陀入灭的时间不远了，所以佛陀仅以几句简单的话，把宣讲四十九年的佛法精神，浓缩为简要、易记的法，让大家可以终身力行。

我们要学习佛陀的胸襟，即使将入灭之际，仍是不忘交代弟子要好好用心，并且勉励大家要切实修持戒、定、慧。戒是规矩，定是专一的心境，修了戒、定，才能发挥智慧。我们要自我警惕、自我深思，《佛遗教经》虽然章句较短，却是浓缩的精华。所以，要用心体会佛陀的本怀，才不辜负自己舍俗出家或发心修行的心愿。

正宗分

第二章　持戒

汝等比丘，于我灭后，当尊重珍敬波罗提木叉，如暗遇明，贫人得宝，当知此则是汝等大师，若我住世无异此也。持净戒者，不得贩卖贸易，安置田宅，畜养人民、奴婢、畜生。一切种植及诸财宝，皆当远离，如避火坑。不得斩伐草木，垦土掘地。合和汤药，占相吉凶，仰观星宿，推步盈虚，历数算计，皆所不应。节身时食，清净自活。不得参预世事，通致使命，咒术仙药、结好贵人、亲厚媟慢，皆不应作。当自端心，正念求度，不得包藏瑕疵，显异惑众，于四供养，知量知足。趣得供事，不应畜积。此则略说持戒之相，戒是正顺解脱之本，故名波罗提木叉。

因依此戒，得生诸禅定，及灭苦智慧。是故比丘，当持净戒，勿令毁缺，若能持净戒，是则能有善

法,若无净戒,诸善功德皆不得生,是以当知,戒为第一安隐功德住处。

"汝等比丘,于我灭后,当尊重珍敬波罗提木叉,如暗遇明,贫人得宝,当知此则是汝等大师,若我住世无异此也"。此段经文是指佛陀入灭后,他的精神、佛法必须委托弟子来传承,比丘是佛陀的入门弟子,所以,佛陀将如来家业赋予出家众。

自度利他福田僧

"比丘"是印度语音翻译成中文,意思是"除馑",除掉饥馑;出家人被称为"福田僧",在家居士供养僧众可以得福。修行好比在耕田一样,土地要耕耘得好,必须把石头、杂草清除干净,再施以肥料,土壤就会很肥沃,水分灌溉充足,这样粒粒种子种下去,就会成长得很好,作物一丰收,百姓就可吃饱,因此翻译成"除馑"。

"比丘"另有三种意义:第一"怖魔";第二"乞士";第三"破恶"。常言道"一佛出世,万众超脱",佛陀示现人间,目的就是要救度众生脱离三途;三途是指地狱、饿鬼、畜生三道的众生。但三界中有一个魔王,统治着欲界众生,人因为有欲心,才生长在欲界之中,一旦修行断欲就不会再来欲界轮回。

因此,只要有人发心出家,表示此人将脱离欲界,则魔王就少了一位魔子魔孙,所以称为"怖魔"。魔王、魔军因害怕恐慌而现出许多诱惑、障碍,阻碍发心出家的人,这些障碍有外在的,也有内在的,外在的障碍譬如最亲爱的人会用感情来拘束你,让你爱难断、情难舍,因此没办法自由解脱,容易受爱与情所阻碍。

另外一种是内心的障碍,有些人出家的因缘很好,而且父母思想开明,让子女自由选择。但是环境顺利,是不是代表修行也很顺利呢?不一定,因为没有外来的障碍,也可能有内心的障碍:第一,意志不坚定;第二,心念容易浮动,这是内心的魔障。

第二种叫做"乞士","乞"是乞讨的意思。既然出家修行,就要视富贵如浮云。不过,身是载道器,如果身体不健康也无法修行,而身体要健康则须依赖"四事供养"——食物、衣服、卧具、汤药。

佛世时,比丘们每天托钵乞食,维持最基本的生活,所以又称为"乞士"。不只是乞讨日常生活所需,以维持生命,还要精进求法增长慧命;比丘的意思是"上求佛道,下化众生",上乞佛法以维持慧命,下乞物质维持性命,同时与众生结缘——众生供养生活物质,僧人以增长慧命的佛法回报。

第三就是"破恶"。学佛要学佛陀的"德",破除恶念,具足众善,因此必须好好藉事练心、修心。这三种意义合起来就是"比丘"的意思,也称"福田僧"。

兴教传法六和敬

所谓"僧"就是清净和合众,佛教内是专心修行的出家众,其他宗教也有全心修行的人,比如神父、修女们也是出家修行,也可通称为僧。

既然有心修行,要承担起如来家业,就得好好学习佛陀的教法,在团体中,最重要的就是"和",里和才能外兴。要使众人和合,有六种方法,也就是"六和敬",大家要好好用心修持。

第一是"戒和同修"。戒就是规矩,最基本要持五戒,五戒表面上很浅显,却是佛弟子最根本的基础;戒又称为法则,人生绝不可脱离法则,所以人人要修持戒法,时时刻刻反省自己,约束好自己的行为。若能如此,就能"戒和同修"。

第二是"见和同解",见就是意见、见解。自己的见解若有偏差,就常会钻牛角尖,无法与人和睦相处。学佛首先要去除"自我"的观念,消除主观的心念,自然能容纳别人的意见而不会引起纷争。

大家既然有心学佛,就要将人生的功能奉献给人群、社会,将所信守的见解让大家都能认同,如此慈济志业才能推展。"佛心、师志"就像轨道一样,若要承载众生脱离苦海,两者缺一不行。所以,我们要见和同解——深刻地了解佛心、体会佛法。

第三是"利和同均"。我们在精舍生活,彼此照应、分工合作,没有私人的利益,生活所需都很均等,身心清净,就叫做"利和同均"。

第四是"身和同住",身和就是每个人行动一致,我们既然身在伽蓝圣地(指僧众所居的寺院),就必须和大家一起作息。例如:早晨板声一起,大家要马上起床,然后上大殿课诵。早课完、用过餐,便开始一天的工作,大家一同出坡、不怕辛苦。我曾说过"一眼观时千眼观"、"一手动时千手动",能够团结一致、同心协力,才能"身和同住"。

第五是"口和无诤"。说话必须考虑四个因素:一、因人,要考虑这句话是否应该对这个人说;二、因时,要看是不是适当的时机;三、因地,除了时机是否成熟外,还要选择地点是否适宜;四、若对很多人讲话,音量就要放大,让人人都听得到,只有两三个人,就要轻声细语,不要提高音量而打扰别人。这几个因素都能注意,说话才不会惹来烦恼,也不会冲撞到别人的心。

第六是"意和同悦"。意就是诚意,悦就是欢喜,我们要常常培养慈悲心,身穿"柔和忍辱衣",才能与人和睦相处,没有爱与不爱的分别心。自己先以柔和、慈悲的心待人,自然就能感化他人,同时生起欢喜心,这也叫做意和同悦。

明戒持戒身心净

在六道中"人身"难得,而且"人"是主要的关键,要上天堂或下地狱,就看自己这辈子的作为如何。一切唯心造,何况修行不只是要脱离地狱,还要超越天堂、离开三界,才能够来去自如、度化众生。

修行必须修得心有定力,要有这分定力,则要靠"持戒"。所以经文云:"汝等比丘,于我灭后,当尊重珍敬波罗提木叉。"波罗提木叉就是戒的意思,译为"解脱",我们若能好好持戒,遵守规矩戒律,就能让自己身心清净。

持戒,身心自然没有烦恼和罪恶感,也没有种种的困扰,就像静思精舍出家的修行者,每个人都心甘情愿地做,明知跟着我修行是很辛苦的,但大家从内心发出欢喜心,甘愿在此接受一段长时间的考验与磨练——经过两年,甚至三四年才圆顶。只要能依照佛陀的教法,不离初发的菩提心志,就能以欢喜心持戒。

再者波罗提木叉又可称作"别别解脱",因为所持的

"戒"分为好几种,有在家的五戒、菩萨戒;有出家的比丘、比丘尼戒和菩萨戒,这是分段的戒,必须依自己的身份而持戒。

佛陀有七众弟子,出家众除了比丘、比丘尼,还有沙弥、沙弥尼及式叉摩那(译为学法女),比丘有二百五十戒,比丘尼有三百四十八戒,沙弥、沙弥尼要守十戒,式叉摩那要守六法;在家有男女二众(优婆塞、优婆夷),在家居士一定要守五戒,七众弟子各人的身份虽然不同,但是能各自依法守戒,即得解脱自在,所以称"别别解脱"。

另一个解释称为"处处解脱"。守戒也要随顺环境,做适度的调整,在各人的环境中奉持戒法,才能解脱;守戒而不执戒,这就叫"处处解脱"。佛陀规定的戒法,实用而不呆板,当初是因为有人犯了错,所以佛陀才制定戒法。

不论是出家或是有心学佛的在家居士,应保持身心清净,才不会在犯戒之后,心中耿耿于怀而不能解脱。"戒"就是要预防犯错,大家一定要认清自己的心志,有真诚的意志,才能守好戒律,希望大家都能重视波罗提木叉,这是《佛遗教经》的重点,也是今日学佛者应守的本分。

长养善根去烦恼

"如暗遇明,贫人得宝"。初发心学佛法就是要学习回归本性,发扬本具的清净法身,清净法身从戒而得,戒可防范外界的污秽沾染我们的心,在未受染著前就要好好预防。

现代医学发达,感染性疾病若在某一地方开始流行,卫生署就要大家注射预防针。戒的作用也一样,在未犯错以前可事先预防,若犯了规戒,内心有污点存在时便不得清净,所以我们必须好好守戒,摒除身心的染著,才能回复清净本性。

心与性其实是一体的,只是"心"已受到后天污染,而有了一层色彩。"一念无明生三细,境界为缘长六粗",在未污染前,心原是清净本性,只因无明的心念一起,即生出三种微细烦恼——由"见思惑"而产生贪、瞋、痴。当看到外面的境界后,就会产生内心的见解,思惟方向一有偏差,便会引出贪著或排斥,烦恼即由此而起。

凡夫都有两种障碍,修行就是要脱离这两种障碍:第一,要度烦恼障;第二,要度无善根障。"度"是解脱之意,"烦恼"起于贪著外面的六尘——色、声、香、味、触、法,我们的六根去感触后,就招来内心的烦恼,这就是烦恼障;但要去除烦恼,也必须藉事练心。

譬如,佛陀教化众生时,有很多外道人士听了开示后,纷纷脱离外道要归服佛教。曾有七位婆罗门教徒,他们年龄都很大了,听了佛法之后,也决定要跟随佛陀出家,佛陀很慈悲,允许他们进入僧团。但是这些人却不懂得自爱,经常大声喧哗嬉笑,不能静心修学佛法。

佛陀知道这件事,就前往他们所住的寮房,在外面就已听到他们在大声嬉笑;大家一看到佛陀进来,立刻肃静、调整威仪。佛陀对他们说:"你们在嬉笑什么?应该要知道生命随着时日不断地消逝,就像木柴随着火焰而被一截截烧毁。为何如此愚痴,把智慧埋藏在最黑暗的地方,而不追求定与静的生活。"

一个僧团里,最重要的就是必须有规矩,规矩是从声色调和开始。当然,我所期待的不只是在僧团里大家循规蹈矩,就连慈济世界的护法居士,也要遵循佛陀的教育。所以,我常对委员说:"你们右肩要担负佛教的精神,左肩要担负慈济的形象,胸前是挂着自己的气质标志。"懂得注意自己的威仪,约束平常的言行,就不容易惹来烦恼,守戒可以度烦恼障,所以说"如暗遇明"。

第二项,好好守戒便可得度"无善根障"。我们要好好培养善根,守戒可修定、启发智慧,但是"有慧无福"也不行,而守戒可培养善根,善根深厚自然就可以得福。

修行者要以身作则,以端正的威仪培养他人的善根,有人想修行而加入僧伽团体,若团体中人人循规蹈矩,守好本身威仪又和睦相处共事,初来的人会因此而感动,善根便会增长。或是有人对佛教僧团不但不相信,还常常加以毁谤,我们若能守好威仪、严持戒律,就可去除他的疑惑,并且启发他的善心,对方自然就会知错而改,甚至护持佛法。所以,持戒也能影响别人,长养他人的善根。

本来自己一无所知,但入佛门后,为了度他及自度,我们就会认真听法、受持,而所听所受持的心得就是——德,多了许多"法财",以此可富润自心,所以称"如贫得宝"。

佛在世时,弟子以佛为师,佛灭度后则以戒为师。我们不能不持戒,能如法持戒就如与佛同世;若不持戒,就如遥隔千万里一样,所以说:"不知持戒,遥隔佛万里;果能持戒,百世何异当时。"总之,成佛前要先做好"人"的本分事,在日常生活规矩中,造就"人"的优秀品格。

别于凡夫应守持

"持净戒者,不得贩卖贸易,安置田宅,畜养人民、奴婢、畜生。一切种植及诸财宝,皆当远离,如避火坑。不得斩伐草木,垦土掘地。合和汤药,占相吉凶,仰观星宿,推步盈虚,历数算计,皆所不应。节身时食,清净自活。不得参预世事,通致使命,咒术仙药、结好贵人、亲厚媟慢,皆不应作。当自端心,正念求度,不得包藏瑕疵,显异惑众,于四供养,知量知足。趣得供事,不应畜积。"

守持净戒的人,首先要注意的有十种事情:第一,不得贩。贩,就是以物换物,以便宜物换取贵重之物,借以方便求利,学佛要防止这些过失,不要占别人的便宜。

第二，不得卖。有的人眼光较短视，眼前所要求取的，就不择手段地追求，在短短时间内，就想求得富贵，因此不顾人格，以不好的物品换取利益；或以贱物贵卖，获取不义之财，这都是没有道德的行为。

又如贩毒——毒品会伤害他人的身心，这是伤天败德的买卖。另外，非法电动玩具的经营，也会伤害青少年单纯的心灵，还有很多犯罪的色情场所等等，经营者根本没有考虑到会使人心性败乱、家庭破碎，只一味地追求眼前私人的利益。虽然社会上需要有买卖行为，大家生活才能方便、安定，但是"君子爱财，取之有道"，非正当的买卖就会犯过失，因此要切记"不义之财勿取"。

第三，不得贸易。现代人生活水准普遍提高，因而有种种通商贸易的交流，但贸易往往也会引发许多烦恼，有人说"商场如战场"，若要修行，能减少这些烦恼最好，至少必须谨防"交易增过"的过失，若是公道的贸易买卖就不犯戒。有人说："身为佛教徒'不得贩、不得卖、不得贸易'，不是很消极吗？"其实，在家居士如果以市价公道买卖，就没有犯过。

第四,不得安置田宅。修行人要知足常乐,不必讲究居住的享受,居处能安稳就好。如何才能安稳?心安即是安稳,心若不安稳,即使房子辉煌如宫殿或华丽如天堂,还是痛苦不安,买再多田园和屋宅也没有用。

记得以前我们所住的小木屋,里面两张榻榻米睡五个人,大家白天耕作、晚上读书,不也生活得很快乐?那时有豆腐佐餐就已经很不错;一小片腌豆腐煎黄之后,可以拌两碗饭,吃得津津有味,虽然食宿都很简单,却没有烦恼。

现在精舍人多了,也增加许多土地,但四周环境都需要整理,大家是否觉得比以前安稳?是否有人会觉得"增加这么多土地,环境又得整顿,真是麻烦?"

因为这里是慈济的发祥地,我们把平常生产作物的土地,大都开辟为人们活动的草地。如果大家一起整理草地、打扫环境时,也同时清净自己的心地,就不会增加烦恼。这里虽说"不得安置田宅",但我们是为了慈济而开方便法,所以不算犯此戒律。

第五,不得畜养人民。因眷属一多往往会增加过失,在一个僧团内,同心同志的人共同相处,就会彼此勉励;若无意修行,只为逃避世事而勉强来修行,则是一件很痛苦的事,在修行的团体中会惹来许多烦恼。有些道场因人数少,于是就领养小孩,等小孩长大后,便希望他能出家,若孩子本身无心修行,勉强把他安置在道场中就会生起烦恼,所以,最好不要有这样的做法。

第六,不得畜养奴婢。修行就必须舍去贡高我慢心,不论任何工作,大家在寺院中要同心同做,不可怕劳动而请人代替,若是如此即与"畜养奴婢"相似。出家修行要有谦卑的心,不可凭借自己的环境好,就请人代替自己工作,这会增长自己的我慢。

第七,不得畜养畜生。道场内不可养牲畜,包括猪、鸡、鸭以贩卖求利,当然目前寺院没有这种事,但有人会错意,认为寺内不能养猫狗……其实,寺内不愿畜养猫狗是因怕其杀生而不养,修行人有一分慈悲心,不愿意见杀、闻杀,猫会捕鼠,所以不喜欢养;若收养流浪猫狗要替它们戴上铃铛,使老鼠一听到声音就会跑掉,这样比较不会杀生。

第八,不从事一切种植。印度的修行人没有种田、垦植。不过,中国寺院的环境、生活背景不同,仍需靠田园而生活,所以丛林内有"出坡",要腾出时间做外面的工作,但也要控制好时间,才不会因时间不够用而心烦,无法修行。

百丈禅师"一日不作,一日不食",在我们道场内,除了环境的整理,还要为慈济志业付出。因为委员所劝募的钱,要点滴不漏用于慈济志业,大家爱慈济、关心慈济,来访的人很多,在精舍的食用所需就得靠常住供给,所以需要大家努力维持,只要大家抱着磨练心志的意念,就不会"多事增过",也可藉事练心,培植福慧。

第九,不得蓄诸财宝。若想积蓄财宝,贪欲就可能愈大。很多慈济委员说:"好像愈富有的人,愈难劝募。"因为有钱人,有了十万想凑足百万、千万,当然就舍不得布施!若是不重财富多寡,出钱出力,细水长流地做,反而不论捐出多少都会觉得很欢喜。

"皆当远离,如避火坑"。以上所讲的事情要注意防范,就像远离火坑一般,要能自我警觉,就不会在无意中徒增过失。

第十，不得斩伐草木，垦土掘地。有时为了工作而汗流浃背、衣冠不整，但是，为了维护道场，也不得不如此，只希望尽量做到不失威仪。此外在斩伐草木时，也可能会损害众生，譬如开垦掘地时，碰到蚯蚓也会伤害到它们；有时要烧草堆时，里面难免也有小生灵，因此要多用心，将草堆拨动一下，使小生灵先离开、免受灾殃，若能如此就不会增加过失。

这些事情如果没有用心处理，会增加我们的过失，所以要好好预防，如果本身的环境非开戒不可，也必须认清前提——若是为了私利，千万不可犯；若是为了大众则需小心地做。像百丈禅师为了维持丛林僧伽生活的安定，也不得不随顺地方习俗而做调整。所以，不要在戒律中执著于文字，要通达道理才不会起烦恼；佛陀在世，也有融通之时，不要因执戒而起烦恼。

不同外道损智戒

"合和汤药，占相吉凶，仰观星宿，推步盈虚，历数算计,皆所不应"。此处有几点不应做的事项,以别于外道的做法:第一,合和汤药。人有了身体便有生老病死,生病就需医师治疗、调理身体。但是有人不看医师而去问神、求炉丹或画符等等,这都是不正确的做法;甚至有人迷信使用偏方,往往因此延误就医的时机。

第二,占相吉凶。佛陀曾告诉弟子们——一切都是众生的业。但有人常喜欢算命,甚至相信种种迷信的传说,这就是没有正信。其实,一切都是"如是因、如是缘、如是果、如是报",换言之——万般带不去,唯有业随身,过去若没有种下障碍的因,现在也不会得到障碍的果;无造下烦恼的因,也不会遇到烦恼的业。

既有正确的因果观,就要欢喜承受,不要因一时的运气不佳,就时时占卜吉凶,去看看自己的运气如何?一旦对方告诉你今年运气不好,岂不是要慌慌张张地过这一年?所以,我们要有正确的因果观,还要有欢喜接受一切的心态——日过业消。重要的是,知道自己今天该做些什么,若能时时持有善念,培养正气,何必担忧今年会如何,所以,要时时提起正信,占卜吉凶这种不需要做的事,

应该完全遮止。

第三,仰观星宿,推步盈虚。在过去科学及教育未发达时,一般民俗都很注重"观星望斗",还穿凿附会地预测吉凶说"哪颗星到什么地方是吉祥,哪颗星到某处与另颗星相会合,天下就会大乱",使得人心惊慌不安。

其实,只要时时培养善心,人人聚集善业,就能得到天时、地利、人和,处处吉祥而时时平安。所以,用实际行动去做善事,就不必"仰观星宿,推步盈虚"而惶恐不安。修行者一定要以正确的知识来循循善诱,使大家破除迷信,这叫"解惑",不要传播不正的知见,让人产生种种疑惑。

学佛要学得心志坚定,自己的烦恼如果无法降伏,如何去帮助别人?我们的本分就是要好好调伏自己,不要故作种种形态。

第四,历数算计。这也是一种民间的风俗,譬如家中有什么事总要卜卦,以前的人,家中若有人生病,吃药无效,便去找人卜卦、抽签,推算之后便说这人可能冲了煞,因此心被迷乱。学佛的人不能如此,正确的宗教必有崇高的目标及正信的教育宗旨。

大家要好好观照自己的心地,信仰佛法当然不能"拨无因果",有正确的因果观,心念自然能定静;既种下如是因,也要欢喜接受如是果;既能勇于接受,就不会有烦恼和惶恐,因此也不会使用那些邪法。

护身行善入圣境

"节身时食,清净自活。不得参预世事,通致使命"。对修行者而言"身"是载道器,从凡夫到圣人的境界,都要靠身体去力行、实践佛法。人身难得、佛法难闻,既得人身、听闻佛法,就要好好利用身体实行佛陀的教法,步上菩萨的道路。

一个人的身体若是健康,就可以做很多善事,对人生的奉献极大,寿命愈长功德愈大。相反的,若不懂得行善,所做的行为多数是损害他人,则寿命愈长、身体愈强壮,所做的恶业也会愈多,所以身体可以使我们从凡夫的起点,不断地精进到圣人的境界;但若不懂得好好利用,也会因毫厘的差错而堕入三恶道——地狱、饿鬼、畜生。

因此"身体"的一切行为举止要非常谨慎,千万不要有一点差错。

报纸上曾有弟弟勒死姊姊的报导。这对姊弟是否有何深仇大恨?没有,只是常常谈话不投机而发生口角。当弟弟知道姊姊上班赚钱,却没有把部分薪水拿回家贴补家用,便对姊姊心有不满,加上平时因口角心中早有恨意,恨意埋藏久了,于是造成惨剧。

他的父母为此相当痛苦,一方面是女儿被杀,一方面是儿子杀人,必须接受法律制裁,父母怎么不痛心呢?虽然父母也想庇护儿子,但法网昭昭,这个姊姊死后仍不瞑目,弟弟因内心惶恐,所以在殡仪馆内,始终不敢走近去看姊姊的遗容,这种种不合常理的现象瞒不过办案人员,终于破案了。

这位年轻的少年,因一时念头的偏差而亲手杀了自己的姊姊,使他的父母如此痛苦,这真是滔天大祸。所以日常生活中,我们要时时以正念来把持心念,心能支配我们从凡夫到达圣人的境地,也能使人堕入地狱终身遗憾,所以要好好照顾"身心",守好规戒。

"节身",就是要摒除一切贪欲、放纵,因无明所起的贪瞋痴。贪是贪求一切欲乐;有瞋心就容易做出杀、盗、淫的罪行;痴则易出口伤人,所以要注意自己的行为,要有气节、知礼义,称为"节身",如此就能对治"多求放逸"的障碍。

凡夫之所以无法成佛、成圣,是因为有障碍。障碍起于多求放逸,放浪形骸而不知好好利用身体,在日常生活中虚度时间,无论是放纵、嬉笑或戏论都是放逸。

我们的社会要能和睦及净化,这虽是整体的问题,但必须从自我的小个体开始做起。比如:宗教是个大整体,每个道场是小团体,而小团体由小个体组成,若在道场中嬉笑戏论、懈怠放逸,就会破坏修行的团体。所以一定要自我管理,如此团体就能趋于完美;每一个道场都能如此,合起来就是健全的宗教大团体,自然能净化人间的每个角落,导正世人的俗情、邪念。希望修行者都能以佛教、以众生为前提,不要妄自菲薄,在日常生活中,威仪要适当,这也称为"节身"。

饮食适度善养生

"时食",人生想健康地生存,就不能离开饮食,但是也要好好地节制,若饮食无度容易造成病痛、祸端。佛世时"一钵千家饭",出家人都是三衣一钵,每天向在家施主托钵,日中一食、树下一宿,生活简单,身心无所拖累,以能维持一天的营养为节制和限度,如此已足够生活。以"时食"——限时限量来进食,可对治"无厌足"的障碍。

很多人吃东西都没节制,除了吃正餐外,还要吃零食,刚放下碗筷,又是整桌子的零食,走到哪儿也是带着吃的东西。人们常说"填不满"的就是鼻下横——嘴巴;大海或许能填满,但鼻下横没多大,填了数十年却填不满。中国人对吃很讲究,有时为了吃一餐,要花费几个小时来准备,为了节省时间和身体的健康,希望大家饮食要简单、清淡一点。

另外,社会上有些人为了吃饭和应酬而惹出许多悲惨的事情,比如,到外面应酬、喝酒,一醉就翻椅掀桌,甚至打架、拿刀杀人,有时失手杀伤最好的朋友、最爱的人,这也是"食"所间接引发的。

现在大家需要劳动工作，营养素的摄取一定要足够，所以不一定要日中一食，宁可一日三餐，正常吸收营养。有健康的身体才有充足的智慧，不可不吃三餐而吃零食点心，多吃零食对身体没有益处，而且会养成坏习惯，这是进食的规则，也是修行应注意的细节。

用餐也要有威仪，用餐的时间及规矩也要好好节制。总之，身是载道器，我们要好好照顾身体、力行佛法。

意念清净行端正

再来解释"清净自活"，身心保持清净，过简单的生活，行为自然就会很端正。有的人心智不健康，被邪知邪见所引诱，心灵受了污染，行为就会有所偏差。

慈济也有很多委员曾遇到外道或是教内人士说："你们信佛，但不知好好用功，只修福却没有修慧。"甚至也有人说："救贫？其实一切都是因果业报，那些贫困受罪的人，就是在受他该受的业报，而你们去救济他，岂不是违背了因果？违背因果是要堕地狱的！"有些委员或会员刚发心,愿意布施行善,但是为了这几句话,可能就会生起惶恐,动摇了布施之心。

佛陀《本生经》中,有一段文字记载——有位发心要行菩萨道的长者,他一生好行布施,而且一点也不求回报,只是起欢喜心、喜舍心和大慈悲心,不断地布施,所以这位长者深受大家敬爱。

天帝得知此事,内心受到很大的震撼,因为做善事而不求回报,这是超越三界的善行,也就是菩萨行。天帝虽然希望人们行善,使天堂的人数增加,但行善的人若心无挂碍、无执著、不求回报,便已超越凡夫心而变成佛心,将来就会超越天堂。天帝内心生起惶恐,就故意去扰乱长者的道心。

于是天帝化为一位平常人来见长者,他告诉长者:"你知道吗?行善是违背因果的事情,行善的人以后会下地狱!"长者便说:"可是我从未听过行善的人会下地狱。"化人就带他去看地狱受罪的人,说:"你若不相信,可以问问那个人是否因行善而入地狱?"其实,那是天帝所幻化的一个境界。

那位受罪的人告诉长者："我在世时行十善救人,因此而堕入地狱。"长者就问他："你救了人而下地狱,那么被救的人如何呢?"他回答:"被救者上生天堂了!"长者就说:"好!这样我就安心了,只要被救的人能生天,我一个人下地狱又有什么关系呢?"他更加强自己的道心,发愿要再接再厉地救助他人,发挥这分无所求的菩萨心。

天帝被他所感动,也从内心折服了,因此对长者生起无限的恭敬心,于是发愿道:"只要你继续行菩萨道,我一定不断地拥护你。"这位行菩萨道的长者,就是后来的释迦牟尼佛。佛陀在三大阿僧祇劫中不断地苦修,天帝则不断地考验他,更不断地护持他,直到成佛后,天帝也皈依在佛陀的座下。

所以,学佛要学得清净自在,内心要清净,做一切好事都心无挂碍,布施不求任何的功德,使对方得救就是我们的目的。不要为了功德才做好事,应单纯地行菩萨道,为解救苦难的众生而行善;当业报现前时也要心无恐怖,时时保持道心,这才是真正的清净。

又如医生、护士救人的目的是希望病人得救。慈济医院的患者很多,入院时,医生护士用心地照顾他们,康复后就送他们出院,这些付出都不是为了结识或攀缘,也不是因彼此有什么特殊关系,只是为了让病人康复而付出。我们应该要有这分单纯的心,发挥救人的功能是我们的本分事,不要把求功德的念头放在心上。

"**不得参预世事**",既然舍离俗家、出家修行,就是不希望有很多俗事来干扰。但是,现在的社会很复杂,苦难的众生布满每个角落,我们虽然不喜欢参预世事,却不能不关心苦难的众生。所以我常说,慈济志业不要涉及政治问题,但是,我们要做国家的良民,尽本分帮助社会趋向和平,促进每个家庭都能得到幸福,这是修行者的本分事。

修行一定要在人事中修学,我们要"用心转境",不要"心随境转";想磨练出真功夫,就不要让人我是非困扰自己,应该在人事是非中自我警惕。

"三人行必有我师焉,择其善者而从之,其不善者而改之"。每个人都可以当我们的老师,用心地观察,好人是我们的榜样,不好的人也可以作我们的警惕。有人做好事,应该见贤思齐、响应支持;不好的事或人便作为借镜,要把是非当教育,不要把人事当是非。

在人群中磨练心志,无论世间多复杂,我们的心也不会受其影响,这叫"以心转境"。假使常抱着"道理不平、气死闲人"的心态,内心就容易被外境所转,这就是不懂得应用方法、好好地感化他人。

我们不要对"不得参预世事"产生误解,不用怕事多,只怕心被事情所困扰。修行必须有"责任感",要在人群中付出,佛陀也经过累生累世的磨练,却始终抱持一念心——不怕下地狱,只希望被救的人能真正离苦得乐,以此心态而修行,内心一定会欢喜、和顺,也会了解修行必须难行能行,这是很有价值的人生抉择。

不得"通致使命"。"使者",指被派遣出去传达命令的人,学佛出家,不做"通致使命"的工作,这是尊重自性及不轻贱自己的原则。以上都是属于"身"的行为,大家一定要好好端正自己的行为。

开口动舌不依邪

再谈"口"业的部分。俗话说:"病从口入,祸从口

出。"因此口业也要有规戒,口业分两大部分:

"咒术仙药、结好贵人、亲厚媟慢"。先解释"咒术仙药",有些邪知邪求的人会说:"天降使命给我,我是来救世的。"或是说能通灵、神明附体等等,这会使原本清净光明的本性受到遮蔽。学佛要以智慧来分辨、思惟,不要被假借神威的人所迷惑,既然不想被骗,更不能以此去骗人,所以修行一定要行正道。

生病要找正式的良医,依正确的诊断来治疗,病情才能控制、痊愈。如果有病就去问神、求炉丹及问卦,这都是错误的方式。有些人会劝病人只要喝大悲咒水就好……病人有时会因此延误就医的时机,我们千万不可如此。

有些人若遇到问题就说:"去问神看看。"对方可能会说:"你犯了煞,要去祭神才可以。"这也是错误的。总之,我们如果教别人错误的方法,这就犯了口业;至于亲自为别人持咒、开偏方,那就更行不得。

再来是"结好贵人、亲厚媟慢",这是"依邪人语",邪人就是见解不正、行为不端的人,也可叫做小人。凡是不能指导人走向正途的一切言语,都叫邪人语,孔子告诫弟子:"巧言令色,鲜矣仁。"我们要慈言爱语,可是太过就成了巧言绮语;明明是错的,为了附和别人、使对方高兴,于是把错的也说成对的,这都是小人的行为。

景公幸得贤臣谏

古时候,齐国的国君景公在位时,有位贤臣晏子辅佐他,一旦景公行为较不检点,晏子就不客气地加以谏言。虽然有时景公会气愤晏子过分拘束他的自由,但冷静反省之后,却发现晏子的谏言对朝政有极大的帮助。因为晏子上得景公的信任,下得人民的拥护,所以能称职地作一个沟通上下的朝臣。

但人生无常,晏子去世了,景公得知消息后,赶紧从外面回来。一路上他直催马车跑快点,心里愈急,愈嫌马车跑得慢,于是下车用跑的,结果发现速度不及马车,才又坐上了车,可见他内心焦急的程度。

最后终于来到晏子的灵前,他哀伤地说:"你生前所说的话,虽然有时令我很不高兴,但冷静之后,就知道你是为了国政而劝谏我。今天你去世了,以后人民的心声不知要靠谁来传达?天降大祸于齐国,为何不降于我自己身上,却降在你身上呢?"这是当时景公失去谏臣的悲痛。但是,人的习气难改,尽管他曾下决心好好警惕自己,但过了一段时间后,他仍然放纵自己的生活。

经过多年后,有一天景公宴请朝廷大臣。他喜欢吃鱼,大家也都吃得很高兴,他一时兴起就告诉大臣:"这些海鲜很合我的口味,听说海鲜能补脑。"很多大臣便附和说:"就是因为海鲜能补脑,难怪君王愈来愈有智慧,判断事情很明理、精明能干。"

景公听了便得意忘形,酒足饭饱后,他又说:"今天我很高兴,我们一起去射箭吧!"大伙到达射箭场,许多大臣围在景公身边,他每射出一支箭,不管中或不中,大家都拍手替景公喝彩叫好,明明不准,旁边的大臣却都一直叫好,他的内心忽然生起警惕而摇头叹气。

这时,大臣弦章刚好走来,经过景公身边时,景公问他:"是否听见大家喝彩的声音?"弦章答:"有啊!"景公问:"我的箭并没有射中目标,为什么大家都为我鼓掌叫好?"弦章说:"国君爱吃什么,大家就和您一样爱吃什么,还说那是好的;国君喜好的娱乐,大家也会附和,如此才能讨好国君而得到赏识,但这是国家的危机!"

正当谈话时,就有很多人送来一车车的鱼,车子排成一列,导致交通无法畅通。景公见到这么多的鱼,内心很高兴,要把一篮鱼赏赐给弦章。但弦章摇头说:"刚才和你一道吃饭,附和你的那些人和你一样爱吃鱼,不如把这些鱼分送给他们,我和君王不一样,我是不喜欢吃鱼的人。"

景公忽然醒悟:弦章很像过去的晏子,他们的谏言是为了保护国家,使国君的言行不致偏差。因此他非常感激,赶紧说:"多年来,从未有人敢当面更正我的错误,现在出现了第二个晏子,我为国家及人民感到庆幸。"

我们学佛应以慈言爱语待人,但不能巧言令色,所说的话要对人有益。对方错了,要婉转地更正他,有委屈要细心安慰,这才是我们应该说的话。假使谄媚阿谀,只讨好贵人,而不尽劝导的责任,这就犯了口业。

切记不要有"咒术仙药、结好贵人、亲厚媟慢"的毛病,要时时警惕自己,开口动舌无不是业,错误地引导人便是造下恶业;改善别人的生活及提升别人的知识便是善业。口业有善有恶,对人说话要讲究正确性、注意分寸。

六种方法防己过

《佛遗教经》的内容主要在教导我们如何预防错误,一般人所犯的错,都不离"身、口、意"三项,而身体的行动或言语谈吐,全是出于"意识",内心想什么,行动、言语就会表现出来,所以要预防身业与口业,首先要预防心念的偏差,可分为以下六种:

第一,"当自端心"。多数人往往没有将自己的心调整好,只会注意别人,自己的看法错误,却无法觉察;若换成他人犯了过失,我们就会很注意,这就是没有反观自性,好好地自我反省。修行者要端正自己的心思,心若不端正,则人我是非就容易产生。

如果看到别人有过失就发出批评,对他起反感,殊不知此时自己也在犯错,也变成他人所讨厌的对象,这就是障碍。想纠正他人的过失，必先改正自己的过错。

修行就是要清除自己的杂念心、污染心，假如不能清除这些污染，又把别人的声与色拿来烦恼，这样内心不但不得清净，反而更加污秽。凡夫要去掉习气达到圣人的境界，必须在诸多人事中，磨练到不会起心动念，而能够"自净其意，不念他过"才行。

第二，"正念求度"。要有正确的观念，所以我常说要以佛心为己心；佛心就是大慈悲心、大智慧及大光明的心。若能将凡夫心换为佛心——念念是佛、念念是慈悲、念念是光明，就能除去"邪思惟"。不正的思想若不去除，则无法"超生"；所谓超生，就是不堕地狱，思想端正，自然就不堕地狱。"正念求度"就是要对治邪思惟的障碍。

日常生活中思想能端正，就能自度而不堕地狱，不必等到临终时佛菩萨来接引，自己就有办法自我解脱。就像一位识水性的人跌下水，他会游泳不用靠别人救援；如果不谙水性，一跌下去就得靠他人来救助。所以平时要训练自己有办法自度，想自度者，必须端正意念，修行之路才能顺利而无障碍。

第三,"不得包藏瑕疵"。就像一块璞玉,要使它发光、有价值,就必须一直琢磨。修行也要内修外行,外在的行动和内在的心念要一致,不可表面上装得很殷勤,当别人看不到时就偷闲懈怠;或是平时刻意要表现给某人看,当他没看见时,就放逸懈怠,这样称作"包藏瑕疵"。内心的想法全是不好的念头,而外在的表现只是装饰而已,这样不但得不到功德,反而是造业,会污染净戒。

自己若有错误要发露忏悔,忏悔则清净。忏悔不是在做晚课时,拜"八十八佛"或"大忏悔文"、诵一诵经文就叫忏悔;真正的忏悔是在大众面前,勇敢地讲述自己的过失,以后绝对不再犯,这才叫发露忏悔。敢承认过失就是有勇气、有毅力、勇猛精进的人;假使自己有错误却隐藏起来,这就是懦弱、不肯精进的人,因为隐藏自己的过失,难免就有再犯的机会。

学佛,内心必须清净,守戒才会清净,所以不可以包藏瑕疵,就像一只碗所装的食物发酸了、不能吃,不但要赶快拿去倒掉,还要将碗洗得很干净,才可以再装食物。

我们的心也一样,既然知道自己犯错,就要赶快忏悔改过,这叫做"重新做人",也才能真正让慧命永生。

慈济委员常常现身说法——"漏气求进步",亲口说出自己以前的过错,在众人的见证下去恶从善。能完全改过自新,即是自度,这才是勇猛精进的人,慈济有许多勇猛精进的菩萨,这种优点值得大家看齐学习。

第四,不得"显异惑众"。既然是修行,要修得心安、踏实,并接受适合人间教育的修练。我们并不求神通或能通鬼神,而是要修得"心精而通";心没有污秽、杂质,就会很精纯,就像闪亮的水晶不沾染杂色、杂质。心念要精,只有一个办法——专一,心念专一就能心安神清,自然所做所行事事皆通。

既然要学佛,应培养无缘大慈及同体大悲的情操,不必刻意学神通、学治病的偏方或宣称自己的定力有多深、德行有多高。要有"平常心",训练自己扩大心胸容纳一切众生,这就是真正的圣行,如果显异惑众,一味地赞扬自己,这就错了,因为这也是邪见、邪行。

第五,"于四供养,知量知足"。四供养,是指饮食、汤药、衣服、卧具。在日常生活中只要能吃得饱、穿得暖、住得安稳,生病时有医药,这样就足够了,不可在四供养方面有过分的要求、贪无厌足,因此而障碍道业。

学佛应该训练定力,不让物质动摇我们的心念,将心念时时定静于三昧中,"三昧"就是正定、正念、正思,心正意定。于日常生活所需知量知足,则心念及精神就会端正、精力充足。

除了知量知足外,还要心存感恩。生活上的四供养,不单只是出家人所接受的供养,其实,普天之下人人都得接受他人的服务、供应,因为在人间不是一个人就可以生活,而是靠社会大众供应生活所需。

比如:夏天炎热,若没有电扇,一定会热得满头大汗、心烦气躁,而一支电扇必须聚合许多人的力量才能完成。除电扇零件外,还需要电源供应,当我们点着电灯、开着电扇时,可知道在发电厂有多少人辛苦在操作,才能供应我们所需的电力,如果不是他们提供服务,我们哪能安适地生活?

再仔细想想,食衣住行哪一样不需要众人一起来付出？不要认为"我是用钱买的"，钱只不过是一种交换的工具，金钱并非万能，光只有钱，也没有办法"变"出日常生活所需的用品。偏偏众生大都迷于钞票，甚至不择手段地赚钱，因而造业受苦，这多可悲啊！

第六，"趣得供事，不应畜积"。出家人不应贮积物品，修行讲究理和、事和，事和中包含"利和同均"，大家同处共事，有福同享，不要贪多、贮藏自己喜爱的东西。这是为了远离贪欲，贪念会覆蔽光明清净的心而产生无明，所以学佛者要注意预防。

我常说，学佛要常念佛，不是要祈求佛来保佑，也不是为了消灾、消业，其实，念佛是要以佛心为己心，将凡夫心去除，恢复清净、光明的本性，若能如此则人人都是佛。

佛陀的家业必须靠四众弟子来推行，尤其出家人更要担起如来家业，僧团中大家应该彼此和睦相处，而这"和"字要圆满，唯有身口意三业清净才能达到，行动要注意威仪，讲话要细心，意念也要好好自我净化，如此的僧团就是和合众。

积极向善养慧命

佛陀对大众的教育有层次之分,开始是一个"总相",再来一一分析如何修持戒法;戒律虽然多,但是守戒的方式却很简单,只要身、口、意三业守得好,一切的戒就守得住。

守戒并非消极的作为,对于恶念、恶行是消极性的戒止,但对善念、善行就非常积极。譬如五戒的第一条——不杀生,我们不只修"不杀",还要积极地"护生"。修行者不争、不取、不杀、不斗、与人不计较,以世俗观点而言好像是消极,其实,主要的用意是不愿再造"新殃"。

"此则略说持戒之相",以上所说的根本清净戒和方便远离戒,就叫"戒相"。世间有很多能诱引人心而去犯罪的"相",所以要用心地好好预防,这称为"持戒"。

像国家有国法,但法律是对罪证充分的人才加以处罚。宗教的戒律则要防患于未然,社会上虽有很多诱惑人心的陷阱,但自己要时时依戒反省,心若不动念,身体就不会去造罪、犯戒。

"戒是正顺解脱之本,故名波罗提木叉"。正就是正见、正思惟、正语、正业、正命、正精进、正念、正定,心念和见解正确,日常的言语行动自然就很端正;若能事事皆正,就不会堕入邪思恶道。

顺,就是顺于道理,所谓"顺天者生,逆天者亡",若能顺人性、天道而向善路实行,就能增长清净的慧命。

逆就是恶,造了恶业慧命就会消失,堕落地狱的恶因也随之而生。总之,学佛之道必定要依从戒律才能解脱,而根本的办法就是培养善念,若能如此就叫"波罗提木叉"——正顺、解脱。

"因依此戒,得生诸禅定"。学佛要修学三无漏学,也就是戒、定、慧。守戒能生定,假若自己的心没有依戒律而约束,心绪就会纷乱无序,因为心欲打开、心念不专,"定"也无法产生。所以得定之前,必须要先守戒,守到自己的心中无欲无求,自然没有人我是非。所以,学佛初步必定要先守好做人的规矩,这叫守戒。

如果自己不小心说了一句是非,或是伤害他人,不论有意无意,事后反省总会让内心惶惶不安,既然心惶不安,怎能获得禅定呢?所以一定要依戒而行,才能生出禅定,进而灭苦得智慧。

兽骨喂虱谈因缘

佛陀在世时,说了很多经法,他常用种种方法来譬喻,希望弟子们在生活中有所警戒。也曾讲述自己过去生的经历——有一位修行人好乐佛法,因为他想专心修行,于是独自住在山林中,寻求拯救众生的方法。

这位修行人长年累月住在山洞中,四周荒烟蔓草非常凄凉,不知何时有很多跳蚤跳到他身上,当他要静坐时,就觉得全身发痒,让他心烦难熬。后来他想了一个办法,到野外找了一块兽骨,放在身上让跳蚤、虱子都集中于兽骨上,经过七天,跳蚤、虱子纷纷离去,从此这位修行人又能在定静中安心修行……

佛陀成道后,有一天带着弟子出去托钵,走到一个村庄时,刚好下起大雪,厚厚的雪封闭了道路,让他们无法前行。村里有一户富有人家,看到很多出家人来,心生欢喜设斋供养,往后的七天之内,因大雪下不停,这些修行人无法离开,而那位长者也欢喜地不断供养众修行者。

到了第七天,雪还下着,佛陀问阿难:"今天是第几天了?"阿难说:"已经是第七天。"佛陀说:"阿难,你赶快叫比丘们集合,我们要离开这里。"阿难说:"外面风雪还很大,路不好走,何不等雪停后再走?"佛陀说:"你照我的话传下去,赶紧叫比丘们集合上路!"

阿难就集合比丘,离开长者的家,找到一个避雪的落脚处。佛陀又向阿难说:"你可以去向那位长者托钵。"阿难依言而行,到了长者家,这位长者却淡淡地说:"我已经欢喜地布施了七天,现在我认为该做的已经都做了,所以提不起这分欢喜心来布施。"阿难就回来向佛陀报告,佛陀说:"阿难,刚才你问我:长者既然发心供养,而且雪还继续地下,为何要离开长者家?因为长者布施的因缘只有七天!"

佛陀说:"过去那位修行者以兽骨养虱子七天,那位修行者就是我的过去生,而这位长者就是那七天中在兽骨上吃饱后,离我而去的跳蚤虱子之一,那时我养它七天,此时他供养我们七天,他的恩就回报到此为止。"阿难

惊惧地回答："因果之理真是可畏啊！"

所以学佛应好好持戒，不但不贪，还要积极行善布施；不但不杀，还要积极护生；不但不邪淫，还要谨守自己的威仪礼节，如此就能产生诸多功德。

守戒清净生善法

"是故比丘，当持净戒，勿令毁缺，若能持净戒，是则能有善法，若无净戒，诸善功德皆不得生，是以当知，戒为第一安隐功德住处。"

若能持戒，就能灭除一切苦、得一切功德。因为持戒有这么多功德，所以比丘应该要好好守持清净的戒律，当然佛陀所说的比丘，很明显是指出家的弟子，不过，实质的内涵是概括所有的佛弟子。只是佛陀以"比丘"为中心，而说了这部经。

佛陀警惕出家僧众既已出家，一定要好好守持戒律，戒持得好，才能教导在家弟子发心、持戒，因此佛陀要求比丘守持清净戒。

"勿令毁缺"，应持戒不犯，否则就会有"毁缺"；就好比人们购买钻石,必定选取很精纯、毫无瑕疵的,若有一点瑕疵,原本昂贵的钻石就会失去它的价值。

玉也是一样,有一点点杂质在里面,即使表面上看起来很美,同样也不值钱了,物品如此,更何况是我们的心?若有一点不好的习性、观念及思想,就会染污了我们清净的道心。学佛必定要很谨慎,有时观念一偏差,就会差毫厘、失千里。

比如:有时会轻易"一人吐虚,万人传实",不经意地以讹传讹,一句话说不清楚或听不详细就再传出去,一传十、十传百……最后完全脱离原意;其实,这都是一念间的疏忽。有惭愧心的人,事后会感觉到"我错了",假使没有惭愧心,会使错误继续不断,所以,不论说话或听话一定要谨慎,否则会使我们的净戒、净念于一语之间整个"毁缺"了。

佛陀未成佛前,历经无量数劫的时间勤苦修行,他不一定示现人身,也曾现身在畜生道中。《本生经》中说:因缘果报如影随形,好像影子随着人而移动。我们的因缘业报也是一样,造福就得福报,造了恶业就会遭受苦报。

龙王感化大鹏鸟

佛陀在无量劫前,曾因一念之差堕落到龙身,龙属于畜生类,不过这条龙的身体可以发出七彩的光,而且很有威严,因为它过去曾接触过佛法,把佛法牢记在心里,所以虽然堕入畜生道中,依然保持着修持佛法的心愿,它是龙族的领导者,有很多龙子龙孙,并受到眷属的敬爱。

可是,有一种大鹏金翅鸟,是龙的天敌,它的翅膀一展开,可遮蔽日月光明,这种鸟类以龙的眼睛为食物。有一天,大鹏金翅鸟发现了龙群的居处,要取龙的眼睛当食物,这群龙的眷属很惶恐,赶紧逃到龙王身边求救。龙王就安慰幼弱的龙群说:"不要紧,你们在我身边很安全,一切由我来担当吧!"大家内心就安稳自在多了。

后来龙王自己挺身而出,对大鹏金翅鸟说:"你要龙族的眼目,倒不如取我的身体,不论是哪一部分,哪怕是头目脑髓还是鳞肉,我都愿意完全奉献。"

大鹏金翅鸟答道:"若凭力量,你并不一定输我,为什么不和我争斗,决一胜负?"

龙王说:"你我都曾在过去生中造了罪业,所以你成为飞禽、我变成龙身,这都是在受报,业报如影随形,我们现在如果再相互争斗,将来还是冤冤相报无了期。过去我听过佛法,时时生起忏悔心,所以立愿要舍身庇护一切众生,愿意承受种种身体上的苦痛,来救护一切众生。"

大鹏金翅鸟听了龙王的话,感到非常惭愧,并且忏悔、臣服在龙王的威德之下,不再侵扰龙族,从此大鹏金翅鸟飞回它的栖息地,并致力于修行。

虽然平安地度过这一场劫难,但是龙王深知无常的可怕,在六道中看尽弱肉强食的悲惨景象,倍感悲哀与怜悯。所以他为龙群说法,希望所有的龙都好好持戒,才能脱离畜生道,将来转生为人类,可以互相教化、彼此鞭策,更能依戒而得解脱。

这段故事说明佛陀在过去生中修行,也是不断地为众生说法,即使堕入畜生类,在恶劣的环境中,还是时时刻刻起惭愧心,时时宣说因缘果报——种如是因、得如是果;造如是业、得如是报。

人间也常常都是恶业与福业平行,有的人家庭很富有,这是福报;但是眷属却时常争吵,彼此招惹烦恼,这是恶报。所以,为善为恶都是在一念间,我们必定要好好持戒,才能生出善法。

"若无净戒,诸善功德皆不得生",如果不修持净戒,就无法生出善的功德。

何谓"功德"?内能自谦即是"功",外能礼让便是"德"。我们要好好下功夫,不要稍微有些才干,受别人赞美几句,自己就觉得洋洋得意。我们应该要像田里的稻穗一样——愈饱满愈低垂;愈有才干,愈是谦虚为怀,别人的夸奖与赞美,应该用来警惕自己,不可得意忘形,应时时以"平常心"来待人处事。

人生的一切,都是分工合作才能完成,我常说,天底下的米一个人吃不完,天底下的事一个人做不来,所以大家应该互相感恩。僧团中更要彼此感恩,要有一个好的修行道场,必须僧团中每一个人都心存感恩,道场才会美。

什么样的人最美?心怀感恩的人最美,因为有感恩心,就没有贡高我慢的傲气;有感恩心,就能自谦、礼让,脸上会时时挂着笑容，而且言语柔和。所以，"功德"来自内心的自谦，而表现于外在的礼让。

"是以当知，戒为第一安隐功德住处"。我们应该要知道，戒能增加种种功德，只要能够守持净戒，将来就能解脱自在。

说话之前，要事先用心确认其真实性；做事一定要有长久的耐心，所做的工作要做到圆满，才是真正持戒的功德。我们不可畏惧劳苦，心念必须专一，慎防贪、瞋、痴、慢、疑；心念若稍微偏差，路就会愈走愈脱轨，所以要好好守持清净的戒律。

第三章 制心

汝等比丘,已能住戒,当制五根,勿令放逸,入于五欲。譬如牧牛之人,执杖视之,不令纵逸,犯人苗稼。若纵五根,非唯五欲,将无涯畔,不可制也。亦如恶马,不以辔制,将当牵人坠于坑陷。如被劫贼,苦止一世。五根贼祸,殃及累世,为害甚重,不可不慎。是故智者制而不随,持之如贼,不令纵逸。假令纵之,皆亦不久见其磨灭。此五根者,心为其主,是故汝等当好制心。心之可畏,甚于毒蛇、恶兽、怨贼,大火越逸,未足喻也。譬如有人,手执蜜器,动转轻躁,但观于蜜,不见深坑。譬如狂象无钩,猿猴得树,腾跃踔踯,难可禁制。当急挫之,无令放逸。纵此心者,丧人善事;制之一处,无事不办。是故比丘,当勤精进,折伏汝心。

不论在家或出家,学佛一定要奉持菩萨戒行。因为

人人都具有自性三宝,与佛同等,将来都有成佛的可能。

守护五根成功德

佛陀说:"比丘!你们既然都已听闻佛法、受持戒法,就应该好好摄持五根。"五根是指眼、耳、鼻、舌、身。眼能看到一切的境界,而心念就是因为眼睛看了"色"——外境,而起分别心,一切的烦恼苦果,也就由此而生,所以我们应该守好眼根。

耳也是起心动念的另一因素,因为常听到外境的声音而受影响。如果能经常听闻佛法,就可以陶冶身心、清净心地;如果时常处在歌台舞榭中,心念就会受到污染。"鼻、舌、身"三者也同样容易受到外境的引诱。

学佛的人要学习控制五根,不可放纵;一旦放纵五根就容易染著外境。佛陀常告诫弟子:"勿令放逸,入于五欲。"五欲就是色、声、香、味、触。

五根让我们藉以成就修行功德,能善用它来发挥良能,就可以服务人群、行菩萨道;相反的,如果贪于五欲,就容易造恶业。所以,佛陀一再交代弟子们,既然受持净戒,就要守护五根,约束自己的身心,生活规矩不能有丝毫放逸。

"譬如牧牛之人,执杖视之,不令纵逸,犯人苗稼"。佛陀举喻——譬如牧牛的人,常拿着鞭子,在旁边看顾牛群,不让牛群侵犯他人所种的稻苗;所以,佛陀常把比丘比喻为牧牛的人。出家要当一位大丈夫,必须培养坚定的毅力、勇气,除了自修之外,还要担起如来家业。而这支鞭子就好比净戒,要成就大丈夫的志愿,必定要守持戒律、奉行佛法,以免损伤自己和他人的福德善根,否则戒体一失就慧命难成。

修行,除了自度还要度人,应时时培养慈悲心,绝对不能毁谤、侵犯他人,尤其是对同道者。然而一般人常犯这种毛病,我常听到委员说他们在劝募时,经常遭到旁人冷嘲热讽地说:"做慈济只是修福不修慧!"有些人由于学佛未久,尚未了解佛法的真谛;听了之后,便心生怀疑,踌躇不前。甚至有人说:"信佛就是要拜佛、放生、印经才对;济贫救急,只是人间事……"这些话阻碍了很多真正想要精进、为人群服务的人,"阻人行善道"就如同放牛到别人的田里去吃作物一样,会损伤他人的善根。

学佛必须互相鼓励,学习佛陀的精神。佛陀出现在人间是为了"开示众生,悟入佛的知见",要让众生明白——人人都有与佛平等的佛性,但多数人都迷而不觉,众生烦恼的业报来自一念无明,造成很多苦难。佛陀慈悲谆谆示教,启发人人大爱的精神,提起慈悲的意念救度众生,如此才能转化业力。

"慈"是给富有的众生,"悲"是给贫困的众生,也就是"济贫教富"。看到贫穷的众生,要本着同体大悲的精神,视他们的痛苦为自己的痛苦,设法去救助、帮忙他们,这就是悲心。相对的,对富有的众生要了解他为什么会富有?是因为过去生中曾种下福因,既然如此,我们更要本着慈心鼓励他们长久延续这分福业。

福就像一把种子,要让他们有再播种的机会,将来才有源源不断的收获,人生应存有这分"助人为乐"的胸怀。富有的众生,往往有这分力量,却没有机会付出或不懂得该如何去做;为了延续他们的福业善根,我们不惜辛苦地劝勉、宣扬,以"慈"为教富的方法,用"悲"发挥济贫的力量。大家要好好照顾自己的善根,培养别人的功德,这样才算是"无放逸"。

放逸五欲危险至

佛陀又说:"若纵五根,非唯五欲,将无涯畔,不可制也。"假如放纵五根,眼睛看不正之色,耳朵听靡靡之音,为了贪图口欲而杀生,吃尽众生肉,这无不是"纵五根而贪著五欲"。现在的社会人心惶惶,都是因为人们对内心的五欲不能加以节制,而造作了诸多恶业所致。

我曾看过一则新闻。在东部,有位年轻人向他父亲说要结婚,他父亲说:"你才二十出头,事业没有基础,要结什么婚?你要知道,娶妻容易、养家难。"

"那么,给我钱做生意。"

他父亲说:"你一点社会历练也没有,应该先去找份工作做,学一些经验再说。"

这个年轻人得不到自己想要的,就对他父亲怀恨在心,有天晚上愈想愈气,竟然趁父亲熟睡时,连砍他二十三刀!这样的情景,到底人伦、道德何在?现在社会的混乱,都是因为人心贪著五欲的缘故。五根一旦放纵,不仅贪著五欲,所有的罪业也可能无所不犯。人生至此,前途茫茫,何去何从已无法掌握。

佛陀又举了另一个比喻:"亦如恶马,不以辔制,将当牵人坠于坑陷。"放纵五根,又像野马没有马辔的控制一样,人骑在马背上十分危险,随时都有坠入坑洞的可能。

"如被劫贼,苦止一世。五根贼祸,殃及累世,为害甚重,不可不慎"。人的心念如果不受规戒,内心的善良之宝,就容易被恶念之贼搬走。其实,凡夫与佛本性无异,内心深处的宝藏都一样,只是佛的宝藏能延续不断地开发,成就很多的善根福慧,凡夫的"矿山"却不知开采,即使已开采,也未能加紧琢磨。

佛菩萨所能发挥的力量我们也都具备,为什么我们的福德智慧却远远不及?因为凡夫每天都在消磨自己的功德,而消磨功德的刽子手就是自己的五根。世间的贼犯了罪,所受的法律制裁仅止于这一世,而五根的贼祸却殃及累世,世人如果没有将五根守好,来世还是带业而来,苦报难断。

"万般带不去,唯有业随身",我们生生世世都受业力的牵引。一般人常说的命运、运气,总归一句就是业力;业力是随着过去生中一切举止动作累积而来的,为害十足,不可不慎。

"是故智者制而不随,持之如贼,不令纵逸"。所以,有智慧的人应好好控制五根,不可随着心中的欲念而浮沉,要以心转境,不可心随境转。学佛修行,除了要了解罪业的根源之外,更应具备两种功夫:一是藉事修心,二是随处养心。不论遇到何种人事、处境,都要把心念看守好,就像在防贼一样,丝毫放松不得。

"假令纵之,皆亦不久见其磨灭"。如果放纵五根,很快就会让功德、智慧、福业磨灭殆尽;学佛一定要福慧双修,而福与慧需要用恒心来培养。佛教中有句名言:"一把无名火,烧毁功德林。"我们长期所培养的菩提苗,实在经不起一把无明火的烧灼。

平常修行,就是修于心而形于身,修于内而行于外。佛陀教弟子不可只是独善其身,佛教需要的是具有菩萨精神的实践者,因为人间不能没有佛教,佛教也离不开人间；学佛的人要自己思惟反省，佛弟子需担负如来的家业，学佛就要有佛的毅力和勇气。若能如此，现在虽处于凡夫地，却已踏上成佛的起点，只要以恒心修行六度万行的菩萨道，将来就可以到达成佛的目标。

修行不是三五天的事，应该时时反观自己。有些佛教徒，刚开始修行时很认真也很热衷，但时日一久就松懈了。所以，有句话说："第一年修行佛在眼前，第二年修行佛在半天，第三年修行佛已不见。"修行应时时"佛在眼前、佛在心田"，修行如初，就成佛有余了！修行要苟日新、日日新，如能与岁序俱新，必能功德圆满。

善恶造作心为主

每个人都希望自己能拥有幸福快乐的人生。但幸福与快乐并不能用物质来衡量，而是一种精神上的感受；精神上知足的人，自然心量也是开阔的，有开阔胸襟的人，对人事就不会计较，这就是最幸福的人生。

要真正做到扩大胸襟应该走入宗教，能体会并学习宗教的思想与教育，自然能以圆满的心面对一切事物。

我们发心救贫是造福,但是在造福人群之外,更要进一步探讨佛教的宗旨,这就是精神上的资粮。

人因为有贪欲心,以致明争暗斗,无所不用其极,所以,要得人事平和、心境明净,必须先控制五欲。

"此五根者,心为其主,是故汝等当好制心"。五根是使人陷身地狱的罪源,而利用五根去造善或为恶的主导者是我们的心,所以佛陀说:"心为其主。"就是由心意来主导。因此,佛陀要我们好好控制自己的心。

就如慈济最主要的工作是在救人、救贫、救急、救病,凡是众生的痛苦,只要我们看得到、听得到,就要设法去救助;能去做救人的工作,也是由心所指挥。佛陀一再教导弟子们把瞋恨的怨嫌心,转为爱心与宽心,时时刻刻宽恕别人、发挥爱念。

"心之可畏,甚于毒蛇、恶兽、怨贼,大火越逸,未足喻也"。有人说,什么东西都不可怕,最可怕的是人心!知人知面不知心,恶念生起时,人心的可怕如同毒蛇、猛兽一样。

含毒的心也会像大火一样,一旦燃烧起来就无法收拾。尽管平时很有修养,拜佛很虔诚,做事也很热心,但却容不得别人的一点差错，心火一起，无法自制即前功尽弃。

有些人不只对别人有恨，更会煽动其他人和自己一样怨恨别人，这就如"大火越逸"，火势愈烧愈蔓延。佛陀以世界上最可怕的毒蛇、恶兽、怨贼、大火来比喻人心可畏，但是这些都还不足以形容，所以又说"未足喻也"。

"譬如有人，手执蜜器，动转轻躁，但观于蜜，不见深坑"。人的心念为何如此恶毒？都是因为耽于愚痴、贪欲，佛陀在此做了一个比喻：在印度贫困的人很多，有糖已经很难得了，何况是蜜！有一个人手中拿着装了蜜的器皿，心里欣喜若狂，眼中只看到手里的蜜，却没看到身后的深坑。人在追求欲望时也是如此，为了财、色、名、欲而团团转，不知处处都有危险。

常常有人对我说："师父！我好羡慕你们的生活，能过着平静修行的日子。"也有人说："师父，我好羡慕慈济委员们既有时间学佛，又有时间做救济贫困的工作。"

我总是回答："你们想要这样的生活及环境吗？那就看你们怎么应用时间，真正有心想做，就会有足够的条件。"

"师父!您不知道我有多忙!"我问他忙些什么?他说吃饭应酬。也有人说:"我周围的环境,没有一个人鼓励我去做好事。"

人生,宝贵的时间是无法留住的,所以自己要好好把握,做一些对人群有益的事。人的生命价值并不在于年龄长短,而是在发多大的愿心去做利益众生的事,要把时间及身心的良能发挥于社会上。

曾有位长庚医院的医师陪着太太来精舍,与我讨论生命的问题,我说:"谈生命,你当医生应该比我了解,不过宗教者对于生命有另一种诠释。一天二十四小时,有的人一天只工作八小时,有的工作十二小时,也有人工作将近二十小时不等。以宗教的观点来看,人生最宝贵的,莫过于能发挥生命的良能,能欢喜地工作与助人,才是生命存在的价值。"

学佛首应调自心

有些人一生中都无所事事,有些人只是一味追求五欲、享受,这样的生命有什么意义？就如过去的菲律宾总统马科斯,在二十年的任期内呼风唤雨,最后的下场却是那么悲哀,他的人生又有什么价值？

尽管他在美国置下庞大的产业,离开菲律宾时还带着许多金银财宝,但流亡国外,却没有国家敢收容他。在他辉煌得意时,又怎会想到周遭的一切危机？这不就像佛陀所比喻的,只看到手中的蜜,却看不到身后的深坑！

"譬如狂象无钩,猿猴得树,腾跃踔踯,难可禁制"。佛陀再把人心比喻为一头酒醉疯狂的大象,无人能制伏。象的身体庞大,力量又大,如能调伏可做多种用途；如果调伏不了,那就很危险了。人心没制伏,不但像大象狂奔,也会像猴子攀在树上,跳来跳去、捕捉不了一样。所以,佛陀说："当急挫之,无令放逸。"我们应先把"心猿意马"制伏下来,如此学佛就能日起有功。

"纵此心者,丧人善事；制之一处,无事不办"。心不可放纵,如果有一丝一毫的放纵,就会像丧心病狂的人一样,失去良知与善心；人如果能把心"制之一处"则"无事不办",没有一样事情做不成功,如此一定可从凡夫到达圣人的境地。

佛陀又说:"*是故比丘,当勤精进,折伏汝心*。"佛陀交代弟子要好好精进,千万不可造恶业,一旦造了恶业,就像大火燎原一样不可收拾。总之,心是人生善恶的源头,是指挥五根的中心,要时时观照自心,这是修行的基本功夫。

第四章 节食

汝等比丘,受诸饮食,当如服药,于好于恶,勿生增减,趣得支身,以除饥渴。如蜂采华,但取其味,不损香色。比丘亦尔,受人供养,趣自除恼,无得多求,坏其善心。譬如智者,筹量牛力所堪多少,不令过分,以竭其力。

佛陀说:弟子们!饮食只是为了调养身体,维持生命,要把饮食当作延续生命的药石,不论好不好吃,足以维护身体健康就好,千万不能好吃的就多吃,不好吃的就少吃或不吃。人们为了饮食造了很多恶业,从生到死的数十年间,不知吃了多少动物的血肉,所以,人的肚子就像动物尸体的坟场。

"趣得支身,以除饥渴",进食主要是为了解除饥渴,所以,饮食的态度要"如蜂采华,但取其味,不损香色",就像蜜蜂采花粉一样,只取花粉,而不影响到花的香味和形色。佛陀在世时,出家人以托钵维生,对在家人而言,能供养出家人是一种福分,而出家人也要抱着欢喜心来接受,千万不能求多或挑剔,否则影响在家人的生活,那就会损害对方的善心。

随分量力行布施

布施的标准,佛陀也举了例子说明:一个有智慧的农夫要用牛来拉车搬运东西之前,必先衡量这头牛有多少力量,才决定搬运东西的多寡,绝对不能超过它的负荷量,以免牛只力竭以致半途而废。

以现代的例子而言,如台中有一位妇女,她很爱慈济、热衷慈济志业,但是最近她的经济情况并不好,不过她长年来有一个心愿,要帮助师父盖医院。她拿了五十万元给我,我了解她的情况,所以就说:"你不要一次拿这么多,要留一点生活费。"她却一再请求:"师父!这是我多年的心愿,请您让我完成心愿。"

我说:"千万不可以,你可有考虑到将来的生活?"她说:"人生无常,一个人的生活需要用多少呢?我的心愿是——希望有一天我不在世间时,慈济医院能继续发挥救人的力量。现在我老了,不知还能出多少力?所以无论如何,师父您都要让我圆满心愿。"她用一分恳切虔诚的心,不断地请求我。

我告诉她,佛陀教导我们"如蜂采华",布施也要有这种观念,你有这分心很好,但不能影响自己的生活。最后她说:"师父,您安心收下吧!不会有影响的。我另一个心愿是,将来能到医院服务,即使是扫地、拖地的工作也好。总之,师父一定会照顾我,又何必担心没饭吃呢?"可见她已经衡量清楚自己的情况,也妥善安排了未来的生活。

像这种感人的事,在佛教界里例子很多,只要有机会,大家都愿意付出力量,同心协力。在社会上也是一样,人与人之间都是互相依存的关系,经营事业的企业家要知道,今天事业的成功有赖于劳动者的付出,才能把企业基础打稳,信用做得好,业绩蒸蒸日上。因此,企业家应该给劳方相当的待遇,不可勉强他们负担过多的工作量,以免不胜负荷、后继乏力。

佛陀谆谆教诲，启发我们的智慧，无非是希望我们有正确的生命价值观，从饮食观还可延伸到其他方面，所以凡事不要贪求无厌，对自己只要维持基本的生活条件，对别人则要欢喜相待。学佛要将所学的运用于日常生活上，孔子也教我们要粗衣淡饭，生命最重要的就是发挥我们的良能，假如每个人都抱着"来人间是为了学圣贤"的观念，就能乐在其中了。

第五章　戒睡眠

汝等比丘,昼则勤心修习善法,无令失时。初夜后夜,亦勿有废。中夜诵经,以自消息。无以睡眠因缘,令一生空过,无所得也。当念无常之火,烧诸世间,早求自度,勿睡眠也。诸烦恼贼,常伺杀人,甚于怨家,安可睡眠,不自警寤。烦恼毒蛇,睡在汝心。譬如黑蚖,在汝室睡,当以持戒之钩,早摒除之。睡蛇既出,乃可安眠。不出而眠,是无惭人也。惭耻之服,于诸庄严最为第一。惭如铁钩,能制人非法。是故常当惭耻,无得暂替。若离惭耻,则失诸功德,有愧之人,则有善法,若无愧者,与诸禽兽无相异也。

世间危脆,往往不堪一阵风雨、一场地震的侵袭,所以佛陀时常警惕我们,在平安时要常念"无常";也就是"居安思危"。

我们常在医院急诊处看到紧急送来车祸、中风等等病危患者。很多人在遭遇这些病变之前,往往没有丝毫的预兆,这就是佛教所言"人命无常"。所以,我一再呼吁大家要时时修心,常习善法。

警惕无常莫贪睡

"汝等比丘,昼则勤心修习善法,无令失时"。佛陀时常叮咛出家弟子要时时认真,精进修习善法,绝对不能浪费时间,要知道一切的善法都是时间累积而来,有好事就要赶快去做,不要让时间空过。

白天固然要好好精进,晚上也同样不能浪费。所以,佛陀又说:"初夜后夜,亦勿有废。中夜诵经,以自消息。"就是说晚上的时间也要尽量争取,好好地温习经典。"**无以睡眠因缘,令一生空过,无所得也**",千万不能贪睡,让我们一生空过而无所得。

休息是为了走更长远的路、做更多的事。佛陀教我们不要贪图睡眠、休息,因为人命不久长,而我们要修的道业、要做的事还很多,千万不要贪睡而浪费时间。

一个人数十年的生命中，真正能做事的时间实在很少。有些人平常无所事事，让自己的良知良能睡着了，生命没有发生功能作用就叫做"睡中人"。佛陀教导弟子们要时时刻刻爱惜生命，更要应用生命良能，多多利用时间。

佛陀又教导弟子："**当念无常之火，烧诸世间，早求自度，勿睡眠也。**"这是教导我们不要贪睡，而把良知良能埋没了，因为无常之火一触即发，而且一发不可收拾。所谓"无常之火"就是灾害，人生的灾害时时刻刻都在损害世间。

记得公元一九五九年中部的"八七水灾"，灾情惨重。中部地区一向非常安定，气候也温和，因台风环流影响，众人措手不及，以致损失惨重。这就是无常之灾！

大自然由地、水、火、风四大因素所构成，而"四大不调"就会侵袭损害世间、破坏宇宙；人的身体就像是小乾坤，同样随时可能遭受无常之灾。不论是大乾坤或小乾坤，何时会发生事情很难预料。所以，佛陀教导弟子须先觉悟无常，好好地深思细察，透彻人生道理，反观自性，早求自度、度他。

这里所说的"睡眠",也引申为愚昧不觉,不能自我警惕生命无常,不能提起毅力、勇气去精进。大家扪心自问:活了这些年,到底睡掉了多少时间?所以,应该尽早醒悟,别再愚迷不觉了!

烦恼缠心伤慧命

"诸烦恼贼,常伺杀人,甚于怨家,安可睡眠,不自警寤"。凡夫的内心有很多烦恼贼,时常伺机作乱。现在的社会,许多人都惶恐不安,每天早上翻开报纸,经常都有杀人案件发生,这世间实在是危机四伏、处处难安,但是,再可怕的事情也比不过自己心中的烦恼贼。

心中的烦恼贼十分凶恶,比冤家更厉害,冤家是与他人发生冲突,对方才会对我们不利。而心中的烦恼常在毫无防范的情形下,不但毁了自己,也毁了别人。所以,"善能自救,恶能毁己",生起一念善,不但能自救还能救人;起了一念恶,不但毁人也会自毁。恶念生起时,就是被烦恼贼所侵,容易因此毁掉自己的善根慧命。

很多人，做人做得很辛苦，因为怨人的人一定被怨；不受欢迎的人，一定是自己吝于付出爱心。常听人抱怨说："别人欺侮我、别人怨我、对我有所不利……"其实，这往往是自己先去怨恨别人、不喜欢别人或是有宿世的恶缘所致。如果时常生活在人我是非中，又充满贪瞋痴的毒念，自造怨人、被怨的烦恼，这种人最可怜。

佛陀再举一个比喻："烦恼毒蛇，睡在汝心。"烦恼就像一条毒蛇睡在你的心中，一旦扰动了蛇，它就会咬人。"譬如黑蚖，在汝室睡，当以持戒之钩，早摒除之"，又好比所住的房子里有一条毒蛇，应该赶紧拿起铁钩把蛇赶出去。不然，怎能安心？

我们应时时警惕自己，以戒法来防范烦恼入侵。"睡蛇既出，乃可安眠"，如果把毒蛇赶出去，我们才可以高枕无忧；修行也是一样，必须把心中的贪瞋痴烦恼去除，才能安心行道。

我们都是佛弟子，每个人都要好好警惕，不只是出家人，在家居士也一样，一旦被烦恼毒蛇侵犯了，往往就毁了终生。所以"不出而眠，是无惭人也"，烦恼不去除就想休息，那是没有惭愧心的人。修行人应该时时刻刻保有惭愧心，分分秒秒精进不懈。

心存惭耻启善念

"惭耻之服，于诸庄严最为第一"。一个人要怎样才能庄严此生、尊重己灵呢？唯有二字"惭耻"。惭耻，就是有惭愧心，能时时反省自己。

我们既然要学佛，即使一时无法修得与佛同等的德行，但至少也要有如菩萨一般的勇猛心、慈悲心。佛菩萨也是从凡夫开始起步，他们能成为佛菩萨，我们当然也可以；目前我们虽是凡夫，但起码也要懂得精进学习，好好向佛菩萨看齐，这才是真正的"尊重自己"。

如果不小心犯错，就要赶快认错，而且时时牢记以后绝对不再犯，这才是真正有救的人；相反地，错了之后，怕人知道而不肯认错，这就表示不肯悔改，还有可能再犯。

"惭如铁钩，能制人非法"。惭愧心好比是一支铁钩，毒蛇一进来，就可以立刻把它钩出去；一个人将犯法时，只要有惭愧心，自然不敢做丧理败德的事。所以学佛要学惭愧、知羞耻,勇于认错改正,因此说惭愧心可以"制人非法"。

"是故常当惭耻,无得暂替。若离惭耻,则失诸功德,有愧之人,则有善法,若无愧者,与诸禽兽无相异也"。人若没有惭耻之心,与禽兽并无二致。娑婆世界是个堪忍苦难的世界,意志稍弱、背离惭耻的人,便会沉沦苦海,永难出离。

其实,每个人都有纯真的善念以及惭耻之心,只要启发出来,那么堪忍的世界便无异于西方极乐世界,世间也就不会有灾难发生。世间的灾难,不论是天灾或人祸,都是人的共业所造成,所以每个人的心念很重要,只要不让自己的良知良能埋没,时时反省,互相勉励,就可以将苦难的世界变成极乐世界。

像慈济世界,是由"万蕊心莲"所造就起来的美丽世界,大家热诚的关心及爱护,无不是希望这颗心莲种子,再开出第二朵、第三朵莲花……甚至无量无数的莲花,如此我们的世界也将成为心莲万蕊的菩萨世界,这是我们的理想,当然仍需要大家同心协力来完成。

第六章　戒瞋恚

汝等比丘，若有人来节节支解，当自摄心，无令瞋恨，亦当护口，勿出恶言。若纵恚心，即自妨道，失功德利。忍之为德，持戒苦行，所不能及。能行忍者，乃可名为有力大人。若其不能欢喜忍受恶骂之毒，如饮甘露者，不名入道智慧人也。所以者何？瞋恚之害，则破诸善法，坏好名闻。今世后世，人不喜见。当知瞋心，甚于猛火。常当防护，无令得入。劫功德贼，无过瞋恚。白衣受欲，非行道人，无法自制，瞋犹可恕。出家行道无欲之人，而怀瞋恚，甚不可也。譬如清冷云中，霹雳起火，非所应也。

　　相信很多人都会认为：学佛的目的是为了生脱死，为求往生西方，离开三界，脱离六道。其实，学佛如果只抱着这种观念，那就不算是真正学佛了。学佛是要学习不计较,有正确的思惟、观念和见解,因为有正见,才会有正确的行动,凡事要学得正确无误,必须尊师、敬师,从师而学。

现在是末法时期,大多数人虽有世智辩聪,满口高论,做起事来却又斤斤计较,只懂理不懂事——知道很多道理,但碰到人与事时却又无法调和处理,这就是凡夫。我们应学习圣人包容万物的宽大心胸,心境才能超脱;如果没有这分宽大的心胸,尽管再如何虔诚地拜佛,还是无法解脱生死,甚至会堕入魔道。

什么是魔道呢?魔原意是指障碍,有的人虽然认真修行,外表看来很有修持,但内心还是无法离开"执著"的烦恼,这就是障碍。修行并不是逃避责任或为了自我,佛陀如果不深入人间救济众生,也无法成佛。所以,修行必须先利益众人,利他就是利己。

佛陀对众生的教化,不离"净化人心",在《佛遗教经》中,他教导出家的弟子要制心,其实在家弟子也是一样,虽然两者的生活方式不同,但是成佛的道路都一样;所以,在家居士也不要忽视《佛遗教经》中阐扬的出世精神。

这段经文是针对瞋恚的烦恼而言,如果不能把这种烦恼灭掉,就无法入佛的境界。佛陀说:"**汝等比丘,若有人来节节支解,当自摄心,无令瞋恨,亦当护口,勿出恶言。**"有志修行的人,凡事应该很谨慎、懂得忍耐,在人世间,无法离开人与事,因此难免会生起人事烦恼,遇到烦恼必须忍耐,以理智去面对。即使有人要一块一块地切割你身上的肉,也要好好地照顾自心,千万不要生起瞋恨;不但要护心,还要护口,不能出一句恶言骂人。

每个人最爱护的莫过于自己的身体,释迦菩萨在因地修行时,身体被"节节支解"都能安忍不瞋,其他的逆境也就不算什么了。

璞玉犹需粗石磨

常有人问我:"师父!我已尽全力在做事,为什么他们都不能谅解我,还要时常骂我?"其实,碰到这些情况你要很高兴才对,因为人事的艰难、彼此的琢磨,就是对自己的一种考验。就像一把剑,要有磨刀石来磨才会利;一块璞玉也要有粗石的琢磨,才会发出耀眼的光芒。所谓

"真金不怕火炼",纯正的心不怕别人来毁谤,如果行得正、做得诚,任人怎么毁谤,反而更能升华我们的人格。

所以,对于别人的谩骂、不谅解,应生起一分感谢的心,感谢他们给我们修行的机会,在逆境中千万不要退失了道心。我们要学习佛菩萨的精神——即使别人对我"节节支解"都可以安忍无怨,那还有什么困难克服不了?

现在的人常说,活在世间好苦!我问他:"你有什么苦呢?有钱、有地位,孩子又乖巧。"而说苦的人,总有许多理由——有钱也苦、没钱也苦、闲也苦、忙也苦,其实,这都是因为不能"堪忍",愈是不能忍耐,愈是痛苦。

学佛就是要学习佛陀的大慈悲心,为众生与乐拔苦,因此,我们要在堪忍世界中,修学忍辱的功夫。

修行要发菩萨心,昨天的事,今天就要化解;刚刚听到的是非,现在就要忘得无影无踪,时时抱持进取佛道、清净本性的心念,绝对不让瞋恚的烦恼深植内心,因为有瞋恚心,就很难吸收佛法。

身在世间,如果不能堪忍,就无法自在地生活,修行尤其更要有"难忍能忍"的精神,别人无法忍受的,我们一定要能忍,而且没有瞋恨心;心无瞋恨,身业、口业就会清净。心中如有一分瞋念,表现出来的态度自然也会有瞋恨,而所做的一切功德将消失殆尽。

慈济所做的一切利生工作都是无所求的付出,这就是清净行;假使要求回报,那就不清净了。因此我们要训练堪忍的精神、开阔心胸,任何的风雨是非,都不会伤害到心中的这棵菩提树。这棵菩提树应该牢固地种在我们的心田深处,建立正知、正见、正思和正行,连八风(利、衰、毁、誉、称、讥、苦、乐)都吹不动,这才是真正的修行。

能忍方能成道业

"若纵恚心,即自妨道,失功德利"。"恚"就是发脾气的毛病,瞋念一起,不但不能利己,也不利人,甚至会妨害道业,失去功德利益。

有很多人都受过"菩萨戒",大家都很愿意伸出手燃香疤,当香炷燃烧时,大家心中都很欢喜,不是吗?因为是自发的愿心,所以能欢喜接受被烧灼的痛。既然受戒时能抱持这分欢喜心接受,在做人处事方面,为何不抱着宽心及欢喜心逆来顺受呢？

一旦瞋恨心起，把所有的功德林烧光了，后悔就来不及。就如一棵树如果被风吹倒，扶正后填上土、浇上水，还有机会复活；若是被火烧毁，那就一点生机也没有了，所以我们应好好培养那分清凉心，清凉心就是"菩萨地"。

"忍之为德，持戒苦行，所不能及"。佛陀教导弟子们要能忍，一切道业都必须由忍做起，能忍才能殷勤精进地修行，忍可以说是功德中最殊胜的力量，能帮助我们做好事、修好行。所以，能忍辱的人，我们应该要赞叹他。

佛法在台湾愈来愈盛行，常看到一些居士刚开始信佛就说："我要去受戒（在家五戒或菩萨戒）了！"是不是受过戒的人都能忍？倒不一定，也许在七天的受戒期间，上戒坛、听法师说法，他还可以记住"忍"这个字，也认为很有道理。但是戒期过后，说不定哪天为了一点小事就与人发生口角，那时就把"忍"抛到九霄云外了。

修行的目的在于学佛，从凡夫到成佛的过程就是菩萨道。菩萨道要具足六种条件：布施、持戒、忍辱、精进、禅定、智慧。在六度中能"忍辱"者就能精进不退，因为被骂不会起瞋心,一切的人事是非,他会冷静理智地分辨,所以说忍辱比持戒的功夫更深。

"**能行忍者,乃可名为有力大人**"。能行忍辱就是最坚强的人,任何事与人都击不倒。有人说:"师父!看您这么瘦弱,却真的把慈济医院建成了,真是不可思议!"也有人说:"师父,您真了不起,能把这么多人的力量结合起来。"

我说:"这是靠大家的力量共同完成的。"只要扩大心量,什么事都能忍,自然"有事化无事",一切事业都可以成就,去掉人我是非,大家的力量就是我的力量,所以,忍是成就事业最重要的根本。

"**若其不能欢喜忍受恶骂之毒,如饮甘露者,不名入道智慧人也**"。佛陀说修行学佛,如果不能欢喜忍受别人对我们的毒骂、中伤,就难免困难重重。我们应该把这些毒骂、中伤当作考验,就像是喝甜美的甘露一样,用来磨练自我的心志,这才是真正的修行。

一块废铁要再制成精利的器具,必须先经过洪炉烈火的熔烧、锻炼,同样的,别人的恶骂就像洪炉烈火在锻炼我们一般,自古以来成功的人都是经过千锤百炼而成就的,绝对没有不劳而获,或是侥幸成功的人。

所以周遭的人如果攻击或陷害我们,千万不可起瞋恨心,应该起感恩心,没有坏人就显不出好人,没有苦难的众生也就不能显出菩萨的精神。如果做不到这一点,就不是"入道"的人,也不算是有智慧的人。

瞋心一起猛于火

"所以者何?瞋恚之害,则破诸善法,坏好名闻。今世后世,人不喜见"。要知道瞋恚会害人,也会破坏我们的善法,为了一时不能堪忍,不但破坏了自己的名声,更破坏了过去一切的功德及修养。"今世后世,人不喜见",每个人都希望看到别人温柔的态度,不愿见到动不动就发脾气的人,瞋恚的人,不只今世令人讨厌,甚至来世也得不到别人的欢喜。

"当知瞋心,甚于猛火。常当防护,无令得入"。瞋怒心比猛火还厉害,猛火烧掉的物质,可经由努力失而复得,但一个人的人格如果自我破坏,即使有再多的钱也买不回来。所以,我们要时时防范,不要让瞋火攻入。

"劫功德贼,无过瞋恚",佛陀又把瞋恚比喻为"劫功德贼",会把我们的功德宝藏偷走,其实,人人都能成就功德,但如有一分瞋火,即使以前做了许多善行功德也会化为乌有。所以心的无明,莫过于瞋。

"白衣受欲,非行道人,无法自制,瞋犹可恕"。白衣是指在家学佛人,因为日常生活忙忙碌碌,没有很多时间听闻佛法、修行,还不能深入真正的道理,因为没有善法教导他克制己心,所以他发脾气,尚可原谅。

但"出家行道无欲之人,而怀瞋恚,甚不可也"。这里所说的出家,并不专指身出家的人,凡是心灵上超然脱俗的人,都可称为行道的人。我们应该把欲念看得很透彻,既然已无欲无求,又何必怀瞋恨心呢?

修行者既然已经守持净戒,修学忍辱之理,再发脾气就"譬如清冷云中,霹雳起火,非所应也"。冬天气候冷,我们很少听到雷声,同样的道理,内心如果冷静,遇事就能庄敬自强,处变不惊,不会乱了定静的形态,所以,学佛就是要学这分忍的定力。

我们要做个受欢迎的人，就必须先照顾好自我的声色，注意言谈举止，这些都是从日常生活中修养忍辱得来的。有一分忍辱的心，人格自然就会升华，家庭就会幸福，对子女也会有好的教育，将来对社会就有贡献，希望大家共同勉励！

第七章　戒憍慢

汝等比丘，当自摩头，已舍饰好，著坏色衣，执持应器，以乞自活，自见如是。若起憍慢，当疾灭之。增长憍慢，尚非世俗白衣所宜，何况出家入道之人，为解脱故，自降其身而行乞耶。

这段经文主要是提出对治憍慢的方法，"汝等比丘，当自摩头，已舍饰好，著坏色衣，执持应器，以乞自活，自见如是"。出家的弟子们，应该剃除须发，舍弃装饰外表的冠冕、璎珞、华服，穿着僧伽的百衲衣，出门托钵乞食，供给自己的生活所需。以最朴实的外在需求及虚怀若谷的胸襟，降伏自我内心的憍慢。

"若起憍慢，当疾灭之。增长憍慢，尚非世俗白衣所宜，何况出家入道之人，为解脱故，自降其身而行乞耶"。若心中生起一点憍慢之心应立刻消除，即使是在家人也不应该滋长憍慢之心，更何况是出家持戒的弟子，入道者若想解脱憍慢烦恼，降屈自己的身份行乞，是去除我慢的最好方法。

世间凡夫谁能无过？怕的是不愿改过。因为我们仍是凡夫难免有偏见、执著，但若想"转凡入圣"，发心修行舍俗入如来家，就必须改正过去的错误、依教奉行，这才是一位真学佛者。

难陀依教除憍慢

佛陀成道后，回到迦毗罗卫国，度化亲族、叔伯之子，包括异母弟（难陀）也随佛出家，甚至连奴隶也被允许加入僧团，这是为了让人们了解"众生平等"，人人皆有佛性。大致上僧团里很平和，但是，也有人积习难改，带着不好的习惯进入僧团。

有一天，一名比丘向佛陀说："难陀比丘平时都穿着洁净鲜艳的衣服，又常常到市集招摇，托钵时只选择大户人家，说话也很骄傲！"佛陀听了，就请比丘去找难陀，难陀不敢怠慢，赶紧来到佛前，向佛问讯。

佛陀问他："你是不是都穿着洁净鲜艳的衣服？是不是专挑豪门富家去托钵？是不是常对别人说——你是佛

陀的弟子,也是佛陀姨母之子,而且态度傲慢?"

难陀听了自觉惭愧,向佛陀五体投地顶礼,坦承说:"是的。"佛陀以严肃的面容说:"难陀,正因你是贵族出身,所以更要好好修行!人生无常,能够生活在这么和乐的僧团中,应好好把握这分因缘,不要让人在背后议论你。若只选择豪门去攀缘,选择美食华服,这会破坏僧团的规矩。出家后应该放弃鲜艳的衣服,和大众一样穿百衲衣,因为修行第一要去除贪欲、舍掉欲色之心,心念才会单纯。"

佛陀又说:"托钵时,不可专选富贵人家,因为托钵乞食是为了降伏慢心,并且走入人群,随缘度化众生,让大众了解出家人清净无欲的心行,使他们起欢喜心,这样就能和众生结好缘。而你天天穿着华服只和富人攀缘,有识者会认为你没有出家沙门的资格,对你不仅不能生起恭敬心,还会有厌弃之心。难陀,你要注意自己的心念和行为!"

难陀听了,便发露忏悔说:"佛陀,我会做您的好弟子,身为佛陀的弟弟,更应以身作则、用心修行,从今天开始,我下定决心要改过向善。"

过了一段时间之后,难陀尊者即让僧众另眼相看,他的苦行和净行让大家非常赞叹,于是,佛陀再对难陀说:"现在人人都很赞叹你,可见你怎么修行,别人就会以相同的态度对待你,但是要以此自勉,不可自满、得意忘形。"佛陀也勉励其他弟子要用功精进,安于淡泊。

佛陀只给难陀一次的教训,难陀即信受奉行,彻底改过。难陀的人生观完全改变了,外在的色、声、香、味、触等,他能够随缘放下,因此能"大转心轮",可见人生不怕有错,只怕不肯改过。

我们身为佛弟子,不管是在家、出家,也都要下定决心改掉不好的习惯,要改过不困难,只要能时时用心,必能理事无碍,趋向觉道!

第八章　戒谄曲

汝等比丘,谄曲之心,与道相违。是故宜应质直其心。当知谄曲,但为欺诳,入道之人,则无是处。是故汝等,宜当端心,以质直为本。

佛陀一再教育弟子们要去除烦恼。一般人的烦恼,是财物的得失、感情的爱怨离合等诸多担忧,而佛教中所说的"烦恼",是指潜藏在我们意识中的不自在,也可以说是心理病态。

所谓有"病",不只是人的身心有病,连社会和世界也有病,人生、宇宙之间,都可能有其病态存在。所以佛陀说"三理四相":人身有生、老、病、死四相;心识有生、住、异、灭四相;宇宙有成、住、坏、空等四相,三理四相都是由我们的意识分别而成。

世间的一切都是"共业",人心能否和睦？社会能否繁荣？世间是否能免除战争、灾害,都是依众生的心向而定。

我们能生长在台湾,真的很有福!看看世界上到处动荡不安,有些地方兵荒马乱;有些地方天灾饥荒,而我们能过着丰衣足食的生活,应该常自庆幸,感到满足,而且要互相感恩,因为有福的人聚在一起,才能四季调和,减少天灾。

我们拥有这分福报,是由于过去生中造了福业,因此善的业力牵引我们生在安定富裕的地方,这不只是个人的福,也是大家共同的福业,所以我们更应该惜福、互相感恩。

看看农夫不只要耕耘,还要播种,而种子都是上一季收获所留下来的。同样的道理,我们过去生中既然已经修福,今生更应当惜福,甚至要再造来生的福。佛教注重因果之理,佛陀除了教我们修福外,还要修慧,福慧双修才能消除我们心中的烦恼,迈向佛道。

修慧就是要去除烦恼,因此必须先扩大爱心,把爱自己、爱家人的心,扩展出去爱社会上的芸芸众生,现在的慈济志业,就是一步步在发挥这种精神。

这段经文主要是对治谄曲烦恼,佛陀说:"汝等比丘,谄曲之心,与道相违。"大家要非常注意,在修行中既然能接受佛陀的教育,就应该提出正直、真诚的心,不可虚伪邪曲。"谄"就是虚伪,"曲"就是不正直;佛弟子要以正直之心接受佛陀的教育,所谓"正直的心"就是毫无怀疑。

不疑不虚真学佛

比如佛陀教导的因果观念,这是世间的道理,千万不要起疑心,应该老实地接受,要深信不疑,对人、对事或修行都要以真实心面对,不可有虚伪的形态。

有些人念佛、拜佛都很虔诚,但要他去付出、做慈善工作却不肯,因为他们只是求佛保佑,希望能求财得财、求名得名,这种对佛有所求的心,就不是正信的佛教徒。佛陀的教育是教我们踏踏实实地付出,这才是信佛、学佛的真义。

信佛的目的不是求佛保佑,而是要让我们对自己有信心,培养毅力、发挥功能,训练自己有足够的力量,能让世人作依怙,而不是去依赖别人。"是故宜应质直其心",所以应该以质直的心信仰佛法,用直心为佛教发挥教育的精神。

"当知谄曲,但为欺诳,入道之人,则无是处",尽管念佛拜佛都很虔诚,可是如果无法启发自己的佛心、菩萨心,做事谄曲不诚,这就是自我欺蒙。

常听"舍得"二字,能舍才能得,真正的快乐是付出后的那分清净、安慰与喜悦。所以要用最质直的心来接受佛陀的教育,用最勇猛的心为社会付出,这才是真正"上体佛心、下化众生",否则就是自我欺诳,真正走入佛门的人,绝对不做欺骗自己又蒙骗他人的事。

"是故汝等,宜当端心,以质直为本"。要做如来使者,誓以佛心为己心,以教育众生为志业,这更要端正心念,才是修行根本。出家人要能以身作则,才能广度众生,所以,必须清净心地、质直无伪,才有资格做佛的入门弟子。

贫婆质直心清净

有些人总以外在形象分别身份的高低,佛陀是最平等的教育家,佛教中有一则故事:有一次,佛陀在舍卫国讲经,在他周围听法的人都是社会上的高阶层人物——有国王、大臣,也有长者,他们都很敬重佛陀。

有一天,佛陀出去托钵,遇到一位清扫街道的贫妇,身上又脏,穿的衣服又破烂,当她看到佛陀远远走来,便自惭形秽地躲到角落。佛陀看到了便亲自把她找出来,很慈悲地对她说:"你为何要回避?"贫妇回答:"佛陀我敬仰您、尊重您,但我是一个低贱的人,身上这么脏,怕沾污了佛的清净……"

佛陀听了就说:"在我的心目中,没有肮脏、卑贱的人,你回去沐浴更衣,再来听我说法!"

这位贫妇非常高兴,就向佛陀跪拜顶礼说:"真的吗?我也可以跟大家一样去听您讲经?"佛陀说:"蠢动含灵没有所谓的高下分别,你尽管来吧!"

有些人看到佛陀去接近一个穿着褴褛的贫妇,很不以为然,觉得佛陀太多此一举,有辱自己的身份。佛陀平静地向这些人说:"我所说的清净,并不是指外表的形态,而是内心毫无染垢。今天街道能这么干净,是因为有清扫的工人,这位妇人的衣服虽脏,但是内心却很清净。因为她没有贡高、骄慢,只有一颗无所求又谦虚的心。"

佛陀又说:"反而是社会上有地位的人,常不自觉地表现出贡高、骄慢的态度,对人起分别心,因此心地并不清净。"

佛陀刚说完,迎面走来一位容光焕发、穿着端庄的妇人,众人看到这位妇人形貌华贵,不觉生起一分敬爱之心。她来到佛陀面前五体投地、虔诚顶礼。众人仔细一看,原来她就是那位清扫街道的贫妇。佛陀就说:"现在她与你们有什么差别吗?"

"人性平等"并非只是口头上的平等。佛陀教导弟子——对人要用最诚恳的心,平等地把爱心发挥出去,不可有人我相的分别,这就是正直、无谄曲的心。

第九章　少欲

汝等比丘,当知多欲之人,多求利故,苦恼亦多。少欲之人,无求无欲,则无此患。直尔少欲,尚宜修习,何况少欲能生诸功德。少欲之人,则无谄曲以求人意,亦复不为诸根所牵。行少欲者,心则坦然,无所忧畏。触事有余,常无不足。有少欲者,则有涅槃,是名少欲。

佛陀说法无不是在教导众生——如何去掉烦恼转为快乐。能多付出就是福,能无所求就是慧,若只求取而不付出就是烦恼,也是最痛苦、多障碍的人生,以上这段经文就是在解释"无求"的功德。

"汝等比丘,当知多欲之人,多求利故,苦恼亦多。少欲之人,无求无厌,则无此患"。佛陀教育弟子们——多欲的人,是因为贪多不厌足,得"十"还想求"百",所以苦恼无穷。而少欲的人,因内心无贪求,所以没有这些苦恼。人生应该追求心灵上的富有，如果能少欲知足，就是最富有的人。

少欲为乐喜布施

"直尔少欲，尚宜修习，何况少欲能生诸功德"。我们应好好地修"少欲"之行，因为少欲可以成就许多功德，如果不谨慎修习，其他的修法也无法进步。

像慈济的委员、会员们只是付出爱心而无所求。记得当初要建花莲慈济医院时，很多人为了响应建院而割舍小爱、完成大爱——纷纷把数十年珍藏的宝物及积蓄捐献出来，他们捐出这些财物并不觉得可惜，反而感到无比的快乐。看到医院落成后，能发挥救人的功能，他们还向我致谢，感谢我给他们造福的机会，这种付出无所求又加上感恩的心行，就是无量的功德！

不只他们本身欢喜，医院启用至今已挽救了许多人的生命，如果不是大家舍弃私我的爱念来共襄盛举，如何能成就慈济志业，救助这么多人呢？所以，能将私欲去除，培养少欲的心，才能欢喜布施；肯布施才能汇集成无限的功德,这就是"少欲能生诸功德"。

"少欲之人,则无谄曲以求人意"。多数人为了追求名利,所以对人都不坦诚,处处谄曲逢迎、讨好别人,须知人若不能互相坦诚对待,那是多么苦恼的景况!想要去除这些痛苦,就必须降低欲念,欲念少就不必去谄媚奉承,可以放开心胸,以诚实的爱坦然处事。要取诸社会、用诸社会,赚取正当的钱财来做有意义的付出,内心光明磊落、坦坦荡荡,这不是很快乐吗?

无欲无求存感恩

"亦复不为诸根所牵"。少欲的人除了不必巴结奉承别人之外,也不会被六根(眼、耳、鼻、舌、身、意诸根)所牵制。人为何多欲?因为眼睛看到好的东西,耳朵听到好的声音……六根接触外境便会受到诱引而随俗流转,烦恼也就自然产生了,人往往被这些比较、分别所牵制,常常与自己过不去,嫌弃自己样样比不上别人,欲念增多,烦恼就永无休止了。

有人常埋怨自己长得不漂亮、没有人缘,其实有人缘的条件并不在于外表,而是在于良好的气质,气质则是靠修养而成的。人的外貌不一定能让每个人都喜欢,好的气质却能使每个接近的人感到神清气爽,所以大家要好好修养,多结人缘,以好的气质带动周围的人。少欲知足的人会觉得自己很幸福,脸上就会常常现出笑容,这分气质也会传给别人,使他人自然对你产生好感。

"行少欲者,心则坦然,无所忧畏。触事有余,常无不足。有少欲者,则有涅槃,是名少欲"。少欲的人,内心一定非常坦然,没有什么可忧愁、畏惧的。无论做任何事、在任何时刻,都会觉得很满足;无论在任何人事环境中,也都会时时抱持感恩心。

真正的少欲,是除了无欲无求之外,还要有一分感恩心。付出并不是要让对方来感谢你,反而要去感谢对方,因为对方的缺乏,才能显出我们满足的人格以及无所求的心念。即使过程中有人恶意谩骂、中伤,你也能善解包容,这才是真正佛陀所说的涅槃境界。涅槃境界是"无所住著"——心无所住、无所染著。

所有的慈济委员、会员们,也要学习在无所住著、满足的心境中来做慈济的工作,大家为慈济奔波、出钱出力,已为人生留下美好的回忆。佛教的入世教育,目的就是让富有的众生生活得更快乐、内心更富有;让贫困的众生心灵更有依靠、更温暖。要使天下达到这种美好的境界,就必须少欲无求地付出,才能得到无量的功德。

第十章 知足

汝等比丘,若欲脱诸苦恼,当观知足。知足之法,即是富乐安稳之处。知足之人,虽卧地上,犹为安乐;不知足者,虽处天堂,亦不称意。不知足者,虽富而贫;知足之人,虽贫而富。不知足者,常为五欲所牵,为知足者之所怜愍。是名知足。

佛陀教导我们做一切好事要把握时机,也要把握因缘,不要等到因缘消逝后才想做,那就来不及了。有些人认为:做好事,必须等到有钱的时候再去做。须知人生无常!只要有因缘,哪怕是一点一滴的力量,也要赶快去做,这就是在培植自己的福报。

"汝等比丘,若欲脱诸苦恼,当观知足"。若想要得到福报,脱离种种苦恼,就要懂得知足。常有人对我说:"看到国外不是兵荒马乱,就是饥荒干旱,深深觉得生长在台湾实在很富足,也非常幸福。"是的,能知足就可以过得很快乐,反之则苦恼丛生。

"知足之法,即是富乐安稳之处"。我们如果能知足,所过的生活就会富乐安稳,所住之处也是最和睦、吉祥的地方。

"知足之人,虽卧地上,犹为安乐;不知足者,虽处天堂,亦不称意"。能知足的人,虽然睡在地上,也会觉得很安乐;不知足的人,即使处在快乐逍遥的天堂,仍然觉得毫无乐趣可言。

现在的社会,有很多富有的人,虽然生活在富足的环境中,却有很多苦恼。其实,人生的快乐幸福并不在于物质的享受,而是在于精神上的满足。物质带给人们的快乐,只是在刚拥有的一刹那间,短暂地满足人的虚荣心;真正的快乐是内在精神面的充足,是无限量、无形与永恒的喜悦。

"不知足者,虽富而贫;知足之人,虽贫而富"。不知足的人,即使拥有再多的财富,仍与贫困的人相差无几;而贫苦的人,虽然物质上较缺乏,但如果知足,心灵上也会很富有。

重山万里一抔土

很久以前在西藏附近有个小地方,住了一位土财主,虽然他富甲天下却仍不知足,由于他每天都在盘算着如何让自己更富有,因此忧烦到生起病来。

这位土财主的妻子看他病得这么严重,心中非常着急,找遍了全国的名医仍无法治好他的病。有一天,来了一位心理医生,表示自己能治好土财主的病,但土财主却说:"没用的,你治不了我的病!"

医生仍满怀自信地说:"你是不是有很多心事及远大的希望?把内心的话全部都告诉我吧!只要是你想要的,我一定能够让你得到。"

土财主一听,半信半疑地回答:"我希望能得到更多的土地,家产比国王还富有。"

医生说:"这还不简单,西藏地广人稀,有位喇嘛很慈悲,他说只要有人愿意到西藏,想要多少土地就可以得到多少土地,一毛钱也不必花。"

土财主听到这个消息,他的病就好了,马上从床上跳起来,随即吩咐他的妻子,赶快为他准备换洗的衣物,他要立即去见那位喇嘛。几天后土财主终于到达西藏见到那位喇嘛,并且提出了要求,喇嘛也很慈悲地答应,并问他:"你想要多少土地呢?"

土财主心想:要求多的话,不好意思开口;要求少的话,又枉费跑这么远的路。喇嘛见他不言不语,就说:"你不回答也没关系,这样好了,明天天一亮,你就开始走,直到日落之前再回到这里,凡是你走过的土地,我都送给你。"

土财主听了很高兴,还没天亮就起床坐着等,天一破晓,他马上向东疾走。到了中午,已一口气越过了一座山头,抬头看到前面那座山更辽阔、更美好,连水都来不及喝,又马上继续往前跑,等到抵达另一座山头时,太阳已快偏西了。

土财主心里想着:"如果现在就回去,岂不太可惜了吗?我再跑过一座山就好了。"他心中非常着急,想到前面还有那么多美好的土地,可是在日落之前不回去又不行,只好万般无奈地掉头,往回急奔。

当他回到喇嘛面前时,已是上气不接下气,脚一软就跪了下去。喇嘛问他:"你跑过多少土地了?"

他说:"还……不够多!"就这么头一低,一口气接不上来便往生了。喇嘛看到这个人如此贪心,临死还不知足,不禁摇摇头,对弟子说:"好好的将他埋葬吧!其实,人死了也只不过得到黄土一抔罢了!"

看看故事中的土财主,他虽然拥有无数的土地,却什么也带不走,这样的人生有什么意义?

知足淡泊富爱心

而在高雄地区,有位帮人糊纸袋的年轻妇女,她从开示录音带中得知慈济建院的讯息,心中觉得无比感动,便将结婚纪念项链和孩子弥月时的金帽徽,连同现金一万元,托委员带来响应建院善举。这位年轻妇女家境并不富有,但是爱心无限。

慈济医院的建筑物中,每一把沙、每一块砖都凝聚了无数人的心血,只要曾付出一丝一毫的力量,都可说是医院的主人,难道这不是"富有"吗?所以知足的人,虽贫犹富。

"不知足者,常为五欲所牵,为知足者所怜愍。是名知足"。不知足的人,常被财、色、名、食、睡五欲所牵绊,有钱的人想拥有更多钱,有钱财之后,又想要求名、求势、求享受。总之,时时刻刻为了五欲而苦恼,这种人在知足的人看来,何其可悯。

懂得知足的人,凡是利益人群的事,即使只有一分力量,也可以尽情发挥。就像在慈济,有钱的人出钱、有力的出力,更有人出钱又出力,为人群奉献爱心,有爱心的人一定知足,能知足的人就是富有的人。所以,富有并不是以物质、财产的多寡来评断。

我常说人有四种:一种是"富中之富",不但物质丰富而且富有爱心;一种是"富中之贫",虽然在物质上享有富裕的生活,但却吝于付出爱心,缺乏感情。

另一种是"贫中之富",就像高雄的那位年轻妇女,虽然物质生活不丰富,但却充满爱心;最后一种是"贫中之贫",这种人最可怜,不但缺乏物质,也欠缺爱心、知识。希望大家都能做富中之富或是贫中之富的人,千万不要做富中之贫或贫中之贫的人。

第十一章 远离

汝等比丘,欲求寂静无为安乐,当离愦闹,独处闲居。静处之人,帝释诸天,所共敬重,是故当舍己众他众,空闲独处,思灭苦本。若乐众者,则受众恼,譬如大树,众鸟集之,则有枯折之患。世间缚著,没于众苦,譬如老象溺泥,不能自出。是名远离。

人生之苦,不只贫困的众生苦,富有的众生也苦。我们都知道人生有生、老、病、死四大苦,其实,以佛法分析还有三界的"三苦"。

一、苦苦:身心受苦时所生的苦,在欲界中三苦皆有。众生除了身体上有生、老、病、死苦,还有精神上的"求不得、爱别离、怨憎会、五蕴炽盛"诸苦。除了这八大苦外,欲界中因为有物质的存在,所以凡夫有不断追求的苦,还有败坏无常的苦,因此是苦上加苦。

二、坏苦：在富乐之中，一旦突生变故，乐境失去时，所感受的苦，称为坏苦，也就是乐极生悲。色界众生具有坏苦、行苦。

三、行苦：是诸行无常、迁流异灭、不得安稳的苦。在欲界、色界中有"成、住、坏、空"之苦；而无色界虽已无物质，但却有心识变异的"行苦"。

佛陀来人间就是为了救度众生，让贫困的人得到帮助，以解决生活物资缺乏的痛苦。而富有的众生，因为内心有不断追求、不知足的痛苦，所以佛陀以大慈悲的精神来教育众生，使众生充满爱心、富有感情，生活在身心安乐中，所以，佛陀施教是为了救度人群。

"汝等比丘，欲求寂静无为安乐，当离愦闹，独处闲居"。如果想要追求寂静无为的安乐境界，就必须离开喧扰的地方，选择比较清静的处所居住。

心灵定静最安乐

人何时最安乐？心灵境界能安静，就是最大的安乐。生长在台湾，可以说是生活在丰衣足食的乐土上，我们应该用惜福的心接受这分安乐的境界，这就是福！如果在繁荣富庶的地方，仍不安分守己、不知足，那就无法安居乐业。

佛陀教导我们时时守在清净无为的心境中，心静就能安分守己，自然能过着安乐的日子。但是，千万别误解成佛陀要每个人都离开闹区，其实是要让自心安于定境，虽然外在的环境喧扰，内心却不为所动。

"静处之人，帝释诸天，所共敬重"。人如果能守持这分宁静的心境，连天神也会敬重、拥护他。

"是故当舍己众他众，空闲独处，思灭苦本"。己众即是自己，修行要先透视六根所对的境界，比如眼睛所见的一切——看到别人比我富有，食衣住行都比我享受时，千万不要让这分视觉感受迷乱了自心，应该反观自性，不被一时的虚荣诱引而心乱。耳朵听到外境的声音也一样，应该以理智分辨是非，千万别因此迷失了自性。

总之，我们的感官面对外界时，千万别受外界诱引，自己的成见必须舍离，不可执著，以免六根迷乱本性，这称为"舍己众"。

"他众"就是身外的人。待人接物必须抱持"三人行必有我师"的观念,与人相处,要多学习别人的长处。所以"舍己众他众"就是不被外界的人事扰乱我们的心灵与生活环境。

曾经有位桃园的委员告诉我,她非常苦恼,万分无奈……我问她原因,她回答:"我要做好事,但是连去拜佛,先生都会反对。"

我告诉她:"拜佛、学佛都是好事,为何你先生会反对呢?是不是你自己做得不够好?如果你一天到晚忙着去听经、拜佛、做法会,身心整日向外奔驰,没有好好照顾家庭,先生当然会不高兴!如果家人没照顾好,只一味地想去外面帮助别人,这是本末倒置,不合乎情理的。不妨先对家人付出智慧之爱,否则也难怪先生会唱反调了。"

"回去以后,要彻底改变自己,对先生要柔和善顺,女人最美的形态就是温柔,女人的成功也在于那分柔和善顺。"我叮咛她,先以学佛的智慧照料家庭,再用一分妈妈心来对待社会人群。

过了一段时期，有人告诉我，那位委员从花莲回去之后，整个人生完全改变了，逢人便说她这一生中，从来没有如此快乐、欢喜过。可见一个家庭的幸福必须从个人做起，夫妻要相敬如宾，做人必须尽本分，自我的人格才会升华。

观照自心离爱欲

所谓"空闲独处，思灭苦本"，意指要常在寂静的环境中反省自己，想想如何才能灭除烦恼、痛苦。佛陀说："种如是因，得如是果。"相信每个人都想要拥有幸福，所以必须去种幸福的因——从自身先付出，这与"要别人对你好，必须你先对人好"的道理是一样的。人生本来就是相互的对待，如果能彼此多付出，自然可以消除痛苦。

"若乐众者，则受众恼，譬如大树，众鸟集之，则有枯折之患"。一个人喜欢凑热闹，就会招惹很多烦恼。好比一棵茂盛的大树，如果长在阳光、空气都很充足的地方，一定可以活上百年千年；反之，如果处在土壤贫瘠、水分

阳光不足的地方，又有众多鸟群在树上栖息，就难逃枯折的命运。

目前我们的社会非常繁荣富足，但是，也应该善加维持社会人群的秩序，才能长期保持安乐。佛陀的教育是要我们了解——整体的幸福须从个体做起，每个人都修养好，家庭就会圆满；家庭安乐，社会也能安定和睦。

"世间缚著，没于众苦"。世间有很多业力系缚着我们，所以有种种苦患；因为有许多人所造作的恶业聚集在一起，因此常发生不可收拾的天灾人祸。

社会要安乐，必须人人造福，处处利益人群，群众就有福。目前台湾社会富庶安乐，是因为大家有爱心、有机会造福，才能吉祥平安、风调雨顺。但是普天下还有许多人自身都难保，哪有余力去照顾、关心别人，根本没有机会造福，只能听任灾难接踵而来。

"譬如老象溺泥，不能自出。是名远离"。佛陀又举一个譬喻：众生贪瞋痴的烦恼如果不能去掉，就像一只大象踩入烂泥沼中，愈陷愈深，无法自拔。

"象"比喻众生的烦恼垢重，此处所说的烦恼就是爱欲，人就是舍不得爱念，贪念重、有瞋恨心、爱发脾气，不但如此，还不明道理，看不开一切世事，不断地争执计较，因此生出种种烦恼。世间多陷阱，一旦不慎陷入就无法再爬起来，因此要远离烦恼、陷阱，才是了苦解脱之道。

第十二章　精进

汝等比丘,若勤精进,则事无难者。是故汝等当勤精进,譬如小水长流,则能穿石,若行者之心,数数懈废,譬如钻火,未热而息,虽欲得火,火难可得。是名精进。

"汝等比丘,若勤精进,则事无难者,是故汝等当勤精进"。精是不杂;进是不退,精进即是专心致力、精进不退,可以累积道业,成就功德。

自谦礼让即功德

对修行人而言,内能自谦就是"功",须知一个人失败的原因,往往在于贡高我慢、夸大自满,修行者必须时时做到缩小自己、礼让他人。佛教最高的境界即是"无我",因为能看淡自己、放大心量、包容尊重别人,别人也一定会尊重你,假如每个人都能互相尊重,人与人之间就能和睦相处了。

外能礼让即是"德",一个人若能把内心修养得很好,表现于外在的言谈、行动当然就会很得体。"功"是内在,"德"是外在,功德即是"内修外行",要想得到功德,必须靠时间的累积,精进不懈怠,凡事能精进,则天下无难事。

"当勤精进",我们要了解佛法,必须专心接受佛陀的教育,深入了解之后,自然能够了悟世间一切的道理,智慧也因而开启。

人心为何不专?是因为有爱欲,人往往为了爱欲而生忧愁。现在社会的确丰衣足食,在饱暖之余却形成诸多怪、力、乱、神的风气,比如"大家乐"(二十世纪八十年代末期台湾民间流行的一种赌博方式。——编者注)的风行,造成了很多家庭妻离子散,多可怕也多可悲!

如果我们都能专心接受佛陀的教育,就能精进不懈怠,自然不会走上邪道,生活即可安然自在。佛陀是宇宙间了彻真理的大圣人,他的教育千经万论,都是在教导我们待人接物、做人修养的方法,因此我们应该用心探讨,并且依教奉行。

细水长流勤精进

"譬如小水长流,则能穿石",如果能天天精进,就像是细水长流一样,即使再硬的石头,也能被穿透。

在慈济团体中,有很多委员、会员每次来到精舍听闻佛法,回去之后,他们的人生观都有很明显的转变,每来一次就进步一次。有些人原本经常发脾气,在家中稍微不如意就破口大骂,以致全家不得安宁,但是,自从加入慈济就不常发脾气了,因为常想到师父说:"希望家庭和睦,就应该天天为自己的家人祝福,保持欢喜心。"

欢喜心是一种涵养,能令周遭的人都有如沐春风的感受。也有人告诉我:"师父,当我要发脾气时,想到您说的'欢喜心',就会把气压下来,但却忍得好难过!"我说:"就是因为你还有'忍'的心才会难过,若能放开心胸去容纳一切,自然会有清凉喜悦的心,也就不需要忍得那么辛苦了!"这就是渐进的修养,如同细水长流一般,再硬的脾气、再固执的心,也会被柔和善顺所感化。

细水长流表示要有恒常心、耐心。修行并不是修一世即可了脱,应知佛陀来人间,并不只是今生此世而已,他曾历经三大阿僧祇劫、生生世世与众生结缘,所以大家一听到佛陀的声音就起欢喜心,看到佛陀的形态也会生起恭敬心,这就是缘!也是"细水长流能穿石"的最佳譬喻。

"若行者之心,数数懈废,譬如钻火,未热而息"。有些人刚开始修行就希望马上得到收获,一旦发现没有进展,往往就松懈下去,好比钻木取火,钻到木头快出火时却停下来休息,结果是功亏一篑。修行必须持之以恒,像钻木取火,必须一口气把木头钻热,直到冒出火来为止,千万不要一曝十寒,付出一丝努力,就冀望马上有所收获。

"虽欲得火,火难可得。是名精进"。想要得火,却不用心去钻木,是很难得到火的。总之,佛陀教导我们要得到功德,必须有恒常心,切忌急功取利、半途懈退。

像慈济医院的成立,是因为有大家的爱心、热情的护持,这是大家的功德,我无时无刻不在感恩,并且期待能以慈济精神净化人心。要净化人间,必须从自身做起,进而影响到家庭,家庭能净化,就会影响到整个社会。期盼人人同心一志,共同抱持净化人间的宏愿,以恒长心精进不懈。

第十三章　不忘念

汝等比丘，求善知识，求善护助，无如不忘念。若有不忘念者，诸烦恼贼则不能入，是故汝等常当慑念在心。若失念者，则失诸功德。若念力坚强，虽入五欲贼中，不为所害，譬如著铠入阵，则无所畏，是名不忘念。

这段经文主要是说"不忘念"功德，这是佛陀教导弟子如何守好善法，实现功德的方法。

不忘善念得圆满

"汝等比丘，求善知识，求善护助，无如不忘念。若有不忘念者，诸烦恼贼则不能入"。修行必须求得善知识，因为善知识能启发我们的智慧。人懵懵懂懂来人间，也糊里糊涂地生活，到底人生的方向在哪里？多数人并不深加探究，这是因为缺乏正见和智慧。

佛陀是超越世间的智慧者,他已了知宇宙、人生一切事物的道理,所以他的教法能使我们生活平安,顺利解脱而拥有一个圆满的人生。

什么是圆满的人生?就是"对上有礼、对下有爱",彼此能无怨无恨、互相敬爱,这就是圆满的人生。有埋怨的人生就会有缺憾、不圆满,因为对人心中有怨,别人自然也不会敬爱你。

也许有些人会认为,人生要做得圆满很困难,其实并不难,只要能看清道理,一切就能圆满。我常说"普天之下没有我不爱的人",你能爱天下的人,当然普天下的人也会爱你。"普天之下没有我不原谅的人",既然如此,还有什么埋怨呢?"普天之下没有我不相信的人",既然能相信他人,当然别人也会信任你。如果每个人都能做到这三点,则人与人之间就不会有怨恨。

我们要如何才能看清道理?唯有多听善知识开示,多闻佛法,听了之后好好思惟,拳拳服膺善法并身体力行,自然就能了悟道理,内心就不会有烦恼,心无烦恼则智慧也就启发了。

听闻善法时还要"不忘念",也就是听法之后还要思惟,看清了、想通了就不会去计较,如此一切善法就能牢记于心,所有的烦恼自然烟消云散,而每天也能生活得很快乐。人一旦生活快乐,脸上就会现出欢喜的面相,让人觉得你很可爱;对于你所说的话,也会觉得很受用,这就是功德。

所以听经要听入内心,记在脑海中,假如听了又忘掉就起不了作用,如同一个盆子,必须仰面放正才能盛水,如果倾覆倒放,或是盆底有漏洞,怎能盛水呢?

"慈"就是透彻的爱——真诚的爱出自内心,发诸行为,听经的目的,就是要发挥这分良能,帮助病急贫困的众生及苦难的人群。我们有能力付出,应该感到欢喜,因为能帮助别人表示自己有力量,有力量又能助人的人,是多么幸福!

勤播善种持正念

"是故汝等常当忆念在心。若失念者,则失诸功德"。听经之后,能把佛陀的教法放在心中,并且加以实行就有功德。如果听了又忘掉,常常和人计较,不肯发挥善法功能,便会失去修集功德的机会。

不论学佛、做好事,要有一个原则:为做好事而做好事,不是为了求功德而做好事。有些人身体不好,有人就会劝他:"你应该布施,要施棺、放生,身体才会好。"其实,有病要请良医诊治。因为棺木是装死人用的,为了自己的身体健康而希望别人死,这是好还是不好呢?这种方法并不一定适当。

谈到"放生",原本鸟儿在天上飞翔,多么自由自在;鱼虾在水中游,又是多么逍遥!却因为有人想求长寿、求功德而放生,因此有些人就去捕捉飞鸟、鱼虾供人放生。这种做法,在过程中会损伤许多众生的生命,所以并不是真正的功德;这样的放生倒不如随缘护生,保护生灵不受伤害,才有真正的功德。

也有人说:"那我捐钱给功德会去济贫,希望明天病就会好!"这也是错误的观念。布施能得福报,却不一定有"功德",真正的功德来自无所求的付出,我只是启发大家的爱心,让人种下健康的种子,将来一定可以得到健康的果报。不过,绝对不是今天播种,明天就会结果!

做好事,就像把种子播撒到良田上,假以时日,一定会发芽成长,但千万不可今天播种,明天就把土挖开,看看发芽了没。许多人愿意把钱交给慈济,是为社会、为人群在播种造福,只要持续保持真诚的心念就有功德。

"若念力坚强,虽入五欲贼中,不为所害,譬如著铠入阵,则无所畏,是名不忘念"。若能常常保持这分正见、爱心,服膺佛陀的教法,发挥智慧、爱心,那么尽管环境多恶浊,心念仍不被外界引诱,就如武士身披铠甲入战场,能保护身体不受伤害。

看看现在的社会,大家乐、飙车风行,造成社会人心一片紊乱,倘若这些人有机会接受佛陀的教育,他们一定会有正确的思想,即使有不好的习惯也会很快地改正,甚至能把飙车的勇气或对大家乐的兴趣,转而发挥在贡献人群的功能上,这才是真正勇者的快乐。

我们生活在台湾,丰衣足食之余,不但要知足惜福,还要珍惜机缘学佛、造福、修慧。人与人之间没有什么好计较的,更何况大家每天面对的都是最亲爱的人——自己的先生、太太、儿女、亲朋好友,那还有什么好计较呢?希望大家能在福中修慧、多闻佛法,亲近善知识。

第十四章 禅定

汝等比丘,若摄心者,心则在定。心在定故,能知世间生灭法相,是故汝等,常当精勤修习诸定,若得定者,心则不散。譬如惜水之家,善治堤塘。行者亦尔,为智慧水故,善修禅定,令不漏失,是名为定。

凡夫多数是因为心不清净,所以在不知不觉中造了很多不净的业。人心如果被烦恼遮盖,就像天上的月亮被乌云遮蔽,无法照耀人间。以上这段经文是佛陀教导弟子摄心修定,使心念不分散,能够清净自心。

修行者要将心念收摄在一处,才能得定,有定心则能了悟世间、出世间一切生灭法相。修习佛法,最主要的目标就是要修"戒、定、慧"三无漏学。戒是规矩,若能守好规则,身行就不会犯错,内心自然就能安定自在。

很多人都会问:"我有心要虔诚地拜佛、念佛,可是不知道为什么,心都会想到别处去了,念佛念没多久,心就不能专一。"也有人说:"我明明在念经,眼看着经文,口中也诵着经文,心思却不知飞到哪里去了?"

我想这些问题每个人都有,为什么会这样呢?因为平时我们的心念太杂,无法专一,对所看到的事物无法透彻了解,智慧当然也就无法开通。

修习佛法并不是要学聪明,而是要学得智慧,智慧由定而生,如果心能专一不散,从事入理,就能逐渐产生智慧。比如:念佛,要念得"佛心即我心";念经,也要念得"文从眼入,句从耳入,理从心得,如在佛前,闻佛亲口说法",这才能启发真智慧。

平时做人处事、待人接物,若能观机逗教,引导人行善,不说错一句话,不伤害到任何一个人,这就是智慧。所以说话时要专心说话,做事时专心做事,这就是定心,也叫做智慧。

"心在定故,能知世间生灭法相"。人常会懈怠,也因为懈怠而迷失了真心,佛陀教导弟子要精进修定,心能保持不散乱,自然就能了解世间生灭的道理。

沉迷酒色失王朝

"生灭"就是无常。众生因为颠倒,常把"无常"误为常,把"不乐"认为乐,因此造了堕地狱的恶因,自古以来很多人都迷失了自我的本性。过去历史上也不乏这样的人,譬如夏桀就是因迷失自己而导致亡国的人。

一国之君要领导天下的百姓必须有仁慈的爱心,但是夏桀正好相反,他不但暴虐无道,而且宠幸妃子、贪得无厌,以致全国百姓叫苦连天,怨声载道。

当时比邻有个小国,除了进贡很多财物之外,又进贡一位美女,名叫妺喜,桀王从此沉迷于美色中,妺喜要求桀王重盖一座极尽奢华的王宫给她住,还要三千美女身着五色锦缎衣来表演歌舞。此外,又要求在宫外建一座酒池肉林,无不浪费至极,桀王和妺喜就在宫中尽情玩乐、享受。

这还不能满足妺喜的欲望,她又说:"这些歌舞、酒池、肉林都玩腻了,现在我希望听到锦缎撕裂的声音。"桀王为了博得美人欢心,无不百般奉承,因此下令全国妇女日夜赶工,织锦缎送进宫中,又命人一块块地撕裂。如此浪费奢靡的生活,惹得全国百姓怨声四起,人心思变。而桀王竟还自夸地说:"普天之下没有人奈何得了我,也没有人能胜得过我。"

因为夏桀的暴虐无道与狂妄自大,使殷国的汤王师出有名,就召集全国人民同心协力讨伐桀王,夏朝因此灭亡。

什么样的东西最美?什么样的东西最毒?最美的是善良心,最毒的是色欲心,桀王的失败就是迷于色欲!其实,真正的美,人人都有,心能清净就是美,心中保有善念爱心,就能拥有真善美的人生。

因为夏桀不了解世间的生灭法相,所以才为非作歹,只求自己快乐,而不考虑别人生活的痛苦,所以招惹民怨,终至灭亡。

勤修禅定无漏智

"是故汝等,常当精勤修习诸定,若得定者,心则不散"。学佛应该常思精进,好好修习定力,把专心变为习惯就不会涣散了。

"譬如惜水之家，善治堤塘。行者亦尔"。佛陀讲经都是在印度，由于当地气候干燥，寻找水源不易，因此佛陀常把佛法比喻为水。我们生长在台湾除了物资丰富外，水源也很充足，因此多半不能体会水的可贵。而印度人非常珍惜水源，所以佛陀以此作比喻，"一个爱惜水源的家庭，为了要积水，就会做堤防把水围起来，不让雨水流失。"而崇尚善法的修行者也是一样，会将心念巩固好，专心一志，不让智慧漏失。

"为智慧水故，善修禅定，令不漏失，是名为定"。为了拥有智慧水，就得好好修习禅定，心智、慧性自然就不会漏失。学法一定要学无漏法，无漏，就是不漏掉佛陀所说的任何善法，而且在日常生活中学以致用。

听闻佛法如能活用，就如同水井出泉一样源源不断，不增不减。反之，就如盆中的水，洗过一次脸或手之后，就脏得不能再用；同理，修学佛法，也要看我们用何种心来学，就会产生何种效果。

第十五章　智慧

汝等比丘，若有智慧，则无贪著。常自省察，不令有失。是则于我法中，能得解脱。若不尔者，既非道人，又非白衣，无所名也。实智慧者，则是度老病死海坚牢船也，亦是无明黑暗大明灯也，一切病者之良药也，伐烦恼树之利斧也。是故汝等，当以闻思修慧而自增益。若人有智慧之照，虽是肉眼，而是明见人也，是名智慧。

要拥有幸福的人生，必须发挥我们的智慧功能，这段经文主要就在说明智慧从何而来。

"汝等比丘，若有智慧，则无贪著。常自省察，不令有失。是则于我法中，能得解脱。若不尔者，既非道人，又非白衣，无所名也"。人生之所以有天灾人祸的痛苦，无不是从"贪"而来，"贪"不但会带来痛苦，也会使人堕落，除了今生此世身败名裂外，也会招惹来生的业报。因此佛陀说:"若有智慧,则无贪著。"

正确布施福慧俱

贪念小者,是贪图自己衣食住行的享受,一般人难免会有贪爱虚荣、追逐新潮流行的心理。很多人把旧衣服寄给慈善团体,这些衣服大都只穿过一两次,衣服也还很新,但是,要把这些衣服送给贫苦的人,是不是合适呢?其实,这像是一种变相的爱心,因为送出款式较退时的衣服,才能再买最新流行的服饰。

如果能把这些衣服洗得干干净净,穿在自己身上,而把要买新衣的钱拿来做对社会有意义的工作,相信这分内在美,一定会比买件新衣服穿还漂亮。

我常听一些委员们说:"师父,我要感谢您,赐给我充分的时间和充足的金钱。"

我问:"怎么说呢?"她们说:"以前我尚未踏入慈济之前,先生上班、孩子上学后,我为了打发时间只好逛委托行,看到漂亮的衣服就买,虽然一件衣服动辄上万元,却忍不住诱惑,毫不迟疑地买,但是穿过一两次后,看到流行的新装仍旧忍不住又买,就这样时时都在'花钱买流行'。现在就不一样了,我会把逛街的时间省下来整理家务,先生回来看了很欢喜,孩子回来也觉得很温暖,不但如此,买衣服的钱也省下来了。"

由此可见,如果懂得转变心念,就会好好利用时间、金钱,做很多好事;同样的时间,只要念头一转,不但能节省金钱,而且能发挥良能,这也是"若有智慧,则无贪著"。

以住的方面而言,有钱的人一张床就要花几十万元,而穷苦的人住在哪里?用什么来安身呢?我曾到屏东探访一个个案,有位老婆婆竟与患精神病的儿子一起住在垃圾堆中,你们相信吗?

我们应该时时满足于已拥有的一切,勤俭持家,散发温暖于社会。世间有很多需要我们帮助的人,有物资的人奉献物资的力量,有时间的人奉献时间来参与爱心的工作,这就是无量的福慧功德!

有些人没钱也没时间,但以捐血来发挥爱的功能,这也是悲智双具的人。捐血,不但能及时救人一命,而且有益身体的血液循环,所以说既有慈悲又有智慧。

佛陀在二千多年前曾说过"头目髓脑悉施人",现在科学证明,只要愿意,身体内的器官也能布施,更何况是身外之物,如能做到这样,就是真正无贪。

于佛法中得解脱

"常自省察,不令有失"。省察就是自我反省,有些人会说:"我心好就好,何必再去行善呢?"善事就是将好心表现于外的行为,比如对一位需要血液的人,你只说:我好爱你,好关心你……但却不肯捐血,这样的"心好"有用吗?既然你关心他,而且自己身体很健康,就该捐出来,这才是真正的心好!

我们应该常常反省自己:我有这分爱心、好心,但有没有发挥出来?我的言语行动是否有不检点?如果能常常反省自己,不让观念、行为有所偏差,就不会有缺失错误。

"是则于我法中,能得解脱"。学佛就是学得心灵上常保欢欣,行为无过失,能常常反省自己而无过失,这不就是解脱?

"若不尔者,既非道人,又非白衣,无所名也"。如果不能做到这样,不但不是修道人,也不是在家的佛弟子。在家的佛弟子,最基本要守五戒。五戒就是不杀生、不偷盗、不邪淫、不妄语、不饮酒,也相当于孔子所说的"仁、义、礼、智、信"等五常,所以,我们必须做到无贪,时时自我反省,不要犯错,这才是佛弟子的本分。

分辨善恶真智慧

"实智慧者,则是度老病死海坚牢船也,亦是无明黑暗大明灯也,一切病者之良药也,伐烦恼树之利斧也"。常人的智慧在佛教中称为"世智辩聪",只是聪明而非真智慧,因为有贪执的心和世智辩聪的才能,以这分狡诈的聪明应用在社会,则所造的恶业往往会更大。

依佛教的观点而言,智是分别智,慧是平等慧。"慧"是人人清净无染的本性,"智"是用于分别外面种种境界,以这分清净本性发挥出善良的功能,这就是"智慧"。与世智辩聪不同处在于:智慧能分辨善恶,能开发清净的本性良知,发挥助人的功能。

佛陀长久以来教化无数众生,这就是真智慧的功能。人生如茫茫苦海,在六道轮回中浮沉,有幸遇到善知识启发良知,善根萌芽始能脱离生、老、病、死的苦海。不过,业障仍会现前考验我们的良知善根,因此慧命就在茫茫的业海中,时浮时沉。

众生欲念如海,有欲念就会生死轮回不已,而修学佛法的真智慧,就像是乘上去俗成圣的大船,可以"上求佛道,下化众生"。

"亦是无明黑暗大明灯",真智慧就像黑夜中的明灯,夜行人必须靠明灯引路,才能找到正确的方向。人人的心地本有美好的风光,只因欠缺心地的明灯,而不自见美善的本性。

"一切病者之良药"。智慧不只是黑夜的明灯,也是百病的良药。众生都有病,不是心病便是身病,身病好治、心病难医,而心病才是真正的痛苦。人寿短短数十年,身病随寿命的终了而止,可怕的是心病,起心动念、开口动舌,一切的举止都种下未来烦恼的"因",而且生生世世跟随着自己。

烦恼就是心病、愚痴,身病可预防治疗,而心病的治疗唯有靠自己努力修行,除非你愿意在苦海中沉浮,否则就该赶快追求这帖智慧的良药,才能真正解脱。

闻思修慧心灯明

"是故汝等,当以闻思修慧而自增益"。智慧要怎样修?佛陀说要多听闻正法。众生最敏锐的就是耳根,我们要学一件事,首先要用心听,才能增长知识;若听而不闻、闻而不修,即使听得再多也无益,我们要用心理解,然后在日常生活中发挥效用。常有人对我说:"师父!我听您的录音带,都是一而再、再而三地听好几次,每次都有不同的感受。"

听闻、思考以后,认为这个法在日常生活中可以修持,就要脚踏实地去修,这"修"字有人认为是修行人的事;其实,修是修养,做人若不讲究修养,人我交往中的摩擦与挫折,会不断扰乱我们的心而变成人我是非,这样就叫"不修"。在人群中若能将人事当作教育,这才称做修养,所以"修"是修心养性,"行"是端正行为,合起来叫做修行,在这种修学中,因内心没有其他的挂碍烦恼,就能产生智慧。

没有对不起他人,内心就不会有负担,所以说"心安理得",不论别人说什么是非,只要做得心安,就能得到真理,所以内心不会惶恐,不生烦恼,人我是非就困扰不到我,这就是智慧。这是修养得来的,所以又叫修慧。

"若人有智慧之照,虽是肉眼,而是明见人也。是名智慧"。人若以智慧自照,虽未能得到天眼,也能说是明眼人。什么是"天眼"?天眼可以看得很远,别人看不到的东西,他都看得到。不过,我认为学佛不是要去追求所谓的"天眼通",而是要修学"智慧眼",在人与人之间,能从对方的举止动作、语言声音,透视他内心的善恶,这就是明眼人。

有句话说——人心隔肚皮,对方在想什么,我们无法体会。但是,如果有智慧,只要察言观色,辨别声音高低,我们就知道是虚伪的巧言令色或是出自内心的慈言爱语。巧言令色和慈言爱语都是悦耳的话,若有智慧就有办法分辨出虚实来。

佛陀用最殷切的心态来引导弟子们，无非是要让大家把内心的无明除掉，点亮心中光明智慧的灯。这盏灯要点亮，方法就是闻、思、修，如何将智慧之灯在我们心中点亮，还是必须靠自己努力修学才行。

第十六章　不戏论

汝等比丘，若种种戏论，其心则乱，虽复出家，犹未得脱。是故比丘，当急舍离乱心戏论，若汝欲得寂灭乐者，唯当善灭戏论之患，是名不戏论。

佛陀当初带领着出家弟子，他希望这些出家的比丘、比丘尼都能担起如来家业，所以对弟子们的教育非常严格，要大家"不戏论"。

"戏论"，戏就是游戏，论就是辩论，喜欢说空话、不切实际就是戏论。有些人口才很好，讲起话来头头是道，却不能实际应用，这就是戏论；只把佛法当道理来研究而不实行，也是戏论。总之，能言不能行都叫做戏论。

社会上有很多人一听到佛法，就认为佛法很深奥，并非在家人所能接近，因此退避三舍。其实，佛陀的教法若只就深奥的文字去研究，那是文字游戏，可能会越钻越深而不能自拔。反之，若以平易近人、日常生活的教育来施教、利用，这才是真正合情合理的人间佛教教育。所以佛陀说:"我所说的教法,你们不要只是听听,或者挂在口头上谈论,若不实行道法,虽然已经出家,但还是无法解脱。"

佛陀是实行者,是平易近人的教育家,他亲自做过、走过之后才来说法教化;他自己先放下、看开之后,才教弟子们要放下看开。世间的名与利、财与欲,有谁能看淡呢?但是佛陀在未出家之前,就已把名利财欲看开了。他有父母、妻小,也有继承国政的责任,可是他的愿望宏大,为了让普天下的众生都能得到解脱,所以他辞亲割爱,放弃名利地位,苦修十一年。这段时间真是难忍能忍,难行能行!

佛陀把一切的烦恼从心中完全去除,普视一切众生如父母、子女,这就是平常心、平等心。他了解一切众生皆有佛性,所以,教弟子也要达到同样的解脱自在。佛陀言行合一,不是用口戏论,而是身体力行,实践真理于人事中。

光明半偈解苦恼

佛陀修行历经三大阿僧祇劫,求道之心非常坚决,在

《本生经》中有一段经文,描述他过去生中精进力行的精神。

这则公案是:有位求道者隐居在雪山中探求真理,但是长久以来,他心中仍有无法厘清的矛盾,尽管如此,他还是不断地寻找开启心灵智慧的方法。有一天,天帝在天宫忽然看到一道毫光从雪山直冲而上,天帝觉得非常奇怪,就问天神:"这道毫光是怎么来的?"

天神回答:"据我了解,雪山有一位真修行者,可能是他的德行之光冲射到天上来。"天帝听了说:"奇怪,自古以来娑婆世界虽然有很多修行人,却都无法保持恒心来修持,就像天上的明月照在水面,水动月影就散了,尽管有很多人发心修行,但是没多久就动摇了初心,难道雪山的这位修行者比较特别?"

天神答道:"自古以来,虽然众生发菩提心的时间短暂、道心容易退转,可是这位修行者生生世世都在菩提道上再接再厉,不曾退转过。"

天帝听了说:"既然有持之以恒的修道者,我可要去试试他的道心。"天帝化身到雪山来,果然看到这位修行者把大树下的石头当成久居的修行道场。

天将黎明时，这位修行者坐在石头上，诵念着古代圣人所留传下来的经文，正为无法突破的心灵矛盾感到苦恼之际，突然间听到非常柔和清净的声音，他仔细地听，听到很清楚的偈文"诸行无常，是生灭法"。

他听了之后，觉得好像有一道光明注入心中，长久以来黑暗矛盾的苦恼顿时消失，他发现自己所要追求的法就在这里，有如久旱逢甘霖般的欢喜，可惜这只是一半的偈文而已，他想再听下半段偈文，却再也听不到任何声音了。他急忙四处找寻声音的来处，结果发现在深涧中有阵黑烟向上浮动，随后出现了一位丑陋的饿鬼——青面獠牙，眼大如铜铃，脖子非常细小，却又肚大如鼓。

这位修行人看到饿鬼时，心中一点也不害怕，因为内心有股定力。他想：既然四周都找不到人，那么刚才的声音一定是从他口中发出来的，他既然知道上半段的偈文，过去一定曾接受过圣贤之教。所以他很虔诚地说："大士！刚才的妙理半偈，是不是从你口中诵出来的？如果是，请你再把下半段偈文教授给我好吗？"

饿鬼说："要我教你当然没问题，但是我已经很久没吃东西、肚子很饿,哪有力气传授你下半段偈文呢?"

修行者回答:"你是肉体饥饿,需要食肉来维持生命;而我是精神上的饥饿,需要妙法延续慧命。我愿意以自己的身体和你交换下半段偈文。"

因此饿鬼就接着说下段偈文:"生灭灭已,寂灭为乐。"修行者听了非常欢喜,他体悟到世间一切不管有形无形、是声是色,皆是生灭无常,了悟无常真理,则能探因溯源而得自在永恒之乐。

人的身体也时时处在生灭之中,分分秒秒不断新陈代谢,不但身体如此,即使宇宙的一切星球,也是不断在运行、生灭。又如大自然中的白天黑夜,是因为地球不断规律地自转所致,一旦停止不转时,我们所处的世界也就破灭了,所以宇宙间的一切无不是在生灭中。

为法忘躯悟真道

修行就是要修得去掉生灭的烦恼,一旦烦恼之因灭除,即是解脱快乐的境界。这位修行者终于开悟得道,了悟世间万物都在生灭中。因此他不再执著身体,就以血为墨,在树上、石头上、地上写着:"诸行无常,是生灭法;生灭灭已,寂灭为乐。"

接着他就爬到树上准备跳下来以身喂鬼;当他跳下之时,饿鬼又回复天帝之身把他接住,然后五体投地跪在修行者面前,赞叹说:"你能为佛法而捐舍身命,真是一位大修行者!"这是佛陀过去生修持佛法的一段公案。

我们诵这段经文,可以知道佛陀的教法并不是只用听的,而是要身体力行,发挥功能效用,才是真正的学佛。

"是故比丘,当急舍离乱心戏论"。佛陀说:"你们要赶快舍离杂乱心,把烦恼心转为清净心,舍离世俗心,回归智慧心。"

"若汝欲得寂灭乐者,惟当善灭戏论之患,是名不戏论"。若想要真正体会"生灭灭已"的快乐,就必须摒除空口戏论、徒增烦恼之患,如能言行一致、用心修持,必能感受无限快乐。

佛陀不断地用身行领导我们去做,引导大家向前精进。希望菩萨道上你我同行,彼此之间相互鼓励,在佛陀教育的道路上,携手并肩、齐步前进。

第十七章　自勉

汝等比丘,于诸功德,常当一心。舍诸放逸,如离怨贼。大悲世尊,所说利益,皆已究竟。汝等但当勤而行之。若于山间,若空泽中,若在树下,闲处静室。念所受法,勿令忘失。常当自勉,精进修之。无为空死,后致有悔。我如良医,知病说药,服与不服,非医咎也。又如善导,导人善道,闻之不行,非导过也。

佛陀说:"弟子们,想要修集功德,有一件事要特别注意,必须舍离放逸,舍离之心要像远离冤家怨贼一样。"

人生无常应惜时

因为生命不是掌握在自己的手里,而是掌握在我们的业力中。记得有对父母带着儿子从台南来到精舍,这个孩子只有十五岁,十几岁的孩子应该是生命力最旺盛的时候,而他却是个植物人。

我以为他要来看医生,但这对父母告诉我,不论是电脑断层摄影、脊椎穿刺……任何一种高科技的检查、医疗都做过了,可是没有丝毫复原的希望,他们只是把孩子带来让我看看而已。

这孩子长得又高又胖,白净清秀,但却连吃饭都无法吞咽。我问他父母:"这个孩子怎么会这样呢?"

原来他是吃了一片饼干,再喝杨桃汁时被呛到,因而呼吸停止,造成脑部缺氧以致变成植物人。这是不是印证了佛陀所说的"人生无常"呢?

我们无法确定自己能拥有多长的寿命,因此做好事必须及时,有心修行也要选择正确的宗教信仰,更不必等到责任完了才实行。须知正信的宗教并不影响人生的事业,反而会帮助我们协调整合入世、出世的事业与志业。

有很多企业家都是以宗教精神来做社会事业,像曹氏基金会的曹董事长,他常说:"光会赚钱不算什么,要会用钱才真是了不起。"虽然他太太已往生了,可是他所做的一切社会福利事业,都是在纪念他的太太。以前他只负责赚钱,太太就会把钱运用得很好,每一分钱都用于利益人群、造福社会。

曹董事长曾说:"我觉得自己如果不是过去生曾造福,这辈子怎能有福享呢?如果不是有宗教精神,又怎会懂得要自我修养,并且以开阔的心感谢我的员工及周遭的人呢?"所以,我认为学佛或信仰宗教,丝毫不会影响个人的事业。而身为主妇的,如能以慈济的精神、佛法的道理来教育子女,将会是一位成功的贤内助,也是一位成功的佛教徒。

我们应好好把握时间,有好的因缘就要赶快发挥生命的功能;佛陀一直教育我们要舍离放逸之心,不可浪费时间,所谓"放逸"就是不爱惜时间。

屏东有位委员告诉我,她说儿子给她五万元,要让她去游览,她不想去玩,于是添了二千元捐助建院,儿子知道后也随喜赞叹。听起来多温暖!母慈子孝懂得珍惜时间修集功德、不贪玩,这就是智慧。

"舍诸放逸,如离怨贼",我们外出或睡觉时,为了怕盗贼侵入,都会把门户锁紧。如果贪玩就像把心门打开,任凭放荡的心贼偷尽了良知的宝藏一样,要知道多一分放逸,就减少一分精进,所以应一心精进,远离放逸!

正觉之路当勤行

"大悲世尊,所说利益,皆已究竟",诸佛都是本着大慈大悲之心而来,世间众生轮回六道,多么辛苦!佛陀不忍心,所以倒驾慈航来人间,目的是为众生开示,使一切众生都能觉悟、得到利益。

如今慈济的志业也是继承佛陀的教育,慈济的"教富济贫",正是利益众生的工作。贫困的人需要物质上的帮助,而我们去启发富有的人,把他们的爱心输送给贫困的人,这对贫困的人家有纾困的利益;对富有的人士而言,更有开发智慧、丰富心灵的益处。

"汝等但当勤而行之",佛陀期勉弟子要精进、依法力行。佛陀在二千多年前示现于人间,迄今尚未有其他的佛出现,一直要等到五十六亿七千万年后,弥勒佛才会降生人间,过去的释迦佛我们遇不到,未来弥勒佛降生的时间还很遥远;不过,我们要庆幸的是:我们已遇到了佛法,

若能接受佛陀的教法,并且学以致用,这就是佛的法身常住人间。

有些人告诉我:"师父,我很想学佛,但是识字不多,要学念经实在很难啊!"其实,佛陀并不是教我们把他所说的教法当成文字经典,只用嘴巴念诵,而是要把它拿来实行。经者,道也;道者,路也。佛陀讲经就是在讲道,他指引一条路让我们走,所以应当"勤而行之",如此才是真正地学佛、实行佛的教法。

何时何地才能修行呢?佛陀说:"若于山间,若空泽中,若在树下,闲处静室。念所受法,勿令忘失。"不论是走在山间小路,或是池塘边、树下,或是处在闲静的地方,都要切记所受的教法,不可忘失。即使在人多的地方,只要能体会、受用佛陀的教法,任何时间、地点都能修行,念佛能念到己心即佛心,这也是"不忘失"正念。

"常当自勉,精进修之",佛陀要我们常常自我勉励。有些人说"修行要等老了才有时间,要做好事也必须储蓄财力之后才做",其实不然,精进是成功的主要动力,而修行是随时随地修心正行,何况人生无常,做好事应该要及

时把握机会。

"无为空死，后致有悔"。佛陀要我们及时把握时间行善，否则往往会后悔莫及。"我如良医，知病说药，服与不服，非医咎也"，佛陀常把自己比喻为医生，医生诊断出患者的病，也指导患者该吃什么药，至于病人要不要吃药，那并不是医生的过失。意思是：佛陀指导大家如何免除苦患，得到快乐自在，至于听与不听、行与不行，一切都在于自己了。

"又如善导，导人善道，闻之不行，非导过也"，又像一个熟识路径的人，他教问路的人走上平坦的大道，但问路的人听了却不去走，这并不是引导者的过失，而是问路者自己的过错。

时间宝贵，如果不利用时间做好事，那就空来人间一趟了。佛法难闻，做好事的因缘也难得，应该好好把握赶快去做，我们有佛法得以磨练人生，就要赶快把握因缘，接受佛陀的教法、洗练身心，自然就会觉得日日幸福、福慧俱增。

第十八章　决疑

汝等若于苦等四谛有所疑者,可疾问之,毋得怀疑,不求决也。尔时世尊,如是三唱,人无问者。所以者何? 众无疑故。时阿㝹楼驮,观察众心,而白佛言:"世尊,月可令热,日可令冷,佛说四谛,不可令异。佛说苦谛实苦,不可令乐。集真是因,更无异因。苦若灭者,即是因灭。因灭故果灭,灭苦之道,实是真道,更无余道。世尊,是诸比丘,于四谛中,决定无疑。"

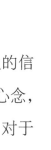

佛陀以信立德,他说的教法能博得普天下众生的信心,这是佛陀的信德,其教法无不是在纠正众生的心念,而众生若想在佛法中得度,唯有把握坚定的信念。对于正知正见能有信无疑,就能得救。所以佛陀即将入灭时,为弟子们说了以上这段经文。

佛陀说法四十九年中,其中最基本的真理有四种:即

"苦、集、灭、道",说尽了人间一切的"苦",让弟子们了解"人生是苦",才会去探究"集"苦的因,然后去消"灭"苦的根源,要消灭苦的根源就必须好好修"道"。这是佛陀示现人间,畅演佛法最根本的真理,称为"四谛法"。

佛陀问弟子:"在这四十九年中,我所说的教法及这四种真理,你们是否有疑问呢?如果有疑问,不要放在心上而不求甚解啊!"

我每次看到这段经文,就会很感激佛陀的慈悲。佛陀来人间,就是因为众生都处在迷惘中,被邪见、迷情牵引而造业受苦,所以佛陀特地来"开示"众生"悟入"佛之知见。

佛陀为了要开启众生心门、通达道理,所以才出现人间、教化大众,此即是"开"。比如一间房子,门窗都紧闭着,灯也没打开,里面一定黑漆漆的,即使屋中藏有宝物也不知觉,只要把门窗打开,让阳光照射进来,就会发现室内的装潢摆设及宝物。同样的道理,如果你把心门紧闭,又怎能发现这些美丽的内心风光呢?

众生由于无明迷惑,才会做很多错事、说错很多话,等到反省时又懊恼自己、责备自己,而有些人不但不会反省自己,反而责怪别人、怨恨别人,因此发生了种种情杀、仇杀、财杀事件。看看现在的社会,有的人为了迷情而惹火烧身;有的人为了看不开,处处与人计较,互相怨恨以至自杀,甚或惹来杀身之祸;更有些人因为贪念,不肯取诸社会、用诸社会,为保护自己的财产而丢了生命,这都是源于无明迷惑。

自杀或被杀的人固然可怜,杀人者也将终身遗憾,多可悲啊!即使能逃避法律的制裁,也逃不掉杀人恶业的因果,这就是众生一念无明、心地黑暗所招来的灾祸。佛陀示现人间,解说种种道理,我们的智慧一旦开启,就能知己知彼,众善奉行,对人对事将心比心、充满爱念。

真诚学佛当成佛

再说"示",佛陀不只教我们要做好人,还更进一步告诉我们,只要众生能像他一样地修行,将来一定都能成菩萨、成佛。

常常看到很多人信佛、拜佛,但是只信佛而不学佛,这就是迷信,拜佛而不学佛,不能算是佛教徒。学佛就是要学得像佛一样,在未成佛之前,全心致意学习佛的修养、慈悲、智慧,认清自己,体会宇宙的真理实相,如此就能渐趋佛道。

有人曾问:"师父,我希望家庭平安,想供奉佛像,却不知要供在哪个方位,也不知道哪个时辰比较好?"其实,家中供奉佛菩萨像,只是在提醒你是个佛教徒,面对佛像时,要有恭敬心,并且警醒自己要虔诚念佛,念得自心如同佛菩萨的慈悲心。

我们应该知道,最灵验的佛是活生生的人,因为善知识会纠正我们哪里错了,教导我们如何改正,在我们迷失的时候,有人能及时加以点醒,这就是我们的"贵人"。再者,要求身外佛的感应,不如求自身佛的灵应,当别人有困难时,你能有求必应,如此就是现代活生生的菩萨。别人来求你帮助,你能成全他,这就是感应。

你希望有所感应,就必须有虔诚的"信",坚信佛陀开示的真理,并依照佛的教法循序渐进,那你就是最灵应的人间菩萨了。

佛陀苦口婆心教导我们，甚至到了最后一口气，还是不放心众生。经文云："*尔时世尊，如是三唱，人无问者。所以者何？众无疑故。*"佛陀连问了三次，在场的弟子们都没有再提出疑问。

因为有的弟子很哀伤无心提出问题，而其他许多弟子跟随佛陀已经四十多年，对佛陀的言教与身教无不信受奉行，拳拳服膺，因此没有人再提出问题。

佛陀是一位"真语者、实语者、不诳语者"，这是《金刚经》中的文句。凡夫有时会欺骗自己，说违背良心的话，但是佛陀无论在何时、何地讲话，都是透彻的真理，他是言出必行的实行家，所以弟子们都不会怀疑。

就像"慈济"这二十几万人的团体（公元一九八八年的数据），是从三十几个人开始做起的，要广结善缘并没有其他的方法，唯有一个"信"字，刚开始的三十位会员很信任我，慢慢地产生了委员，委员们相信慈济所做的一切，认为值得自己付出辛苦、努力去做，所以连结成这股爱的毅力。而会员们也相信委员所说的话，因此一而十、十而百……彼此秉持信实诚正的信念，才有今天的力量，

所以，慈济志业也是由"信"而起。

"时阿㝹楼驮，观察众心，而白佛言"，这时有位弟子叫阿㝹楼驮，他是佛陀俗家的堂弟，他知道大家已无疑问，因此就向佛陀说："世尊，月可令热，日可令冷，佛说四谛，不可令异。"

"佛陀！尽管有人看到中秋月那么光亮，便说月是热的；或者有人看到天刚破晓的太阳光那么柔和，而说它是冷的。但是佛陀所说的四谛法一定是真实不异的。"这是比喻对佛陀所说的教法有坚定的信心。

在《药师经》中，阿难也曾说："月可令堕落，妙高山王可使倾动，诸佛所言无所疑也！"意即月亮可从天上掉落，须弥山也被倾动，但佛所说的教法，我们仍是坚信不疑。

阿㝹楼驮又说："佛说苦谛实苦，不可令乐。"佛说人生是苦的道理，绝对是真理，无明的人生不可能是乐。"集真是因，更无异因。"集种种的恶因而成苦果，所以"集"才是真正的苦因。"苦若灭者，即是因灭"，我们若能灭掉苦因，苦报也就能灭了。

人生为什么会苦呢？"欲知前世因，今生受者是"，你这辈子会受苦,是因为过去生中种了恶因。所以,我们若要知道来世会得什么果报,今生所做的一切,就是来世的果!

正信真道生信心

有些人会问我:"师父,为什么我们一看到您就会起欢喜心?"我回答道:"可能是因为过去生中我看到你们都很欢喜,所以今世再相见,彼此都很欢喜。"

"欲知来世果,今生作者是",你若不种恶因,就不会有苦果,因此经文云:"因灭故果灭。"有人问:"我这辈子苦得要命,要如何才能消业呢?"其实,欢喜去承受一切,业很快就会消啦!

有位委员接受访问时说:"以前先生常常会骂我,后来我听师父的话——欢喜接受,不再和先生吵架。经过一段时间后,先生反而问我:'太太,你怎么了?为什么被骂了还笑笑的、没反应。你去了一趟花莲,就有这么大效用啊?那改天我也跟你去。'"之后果真他也来了,夫妻俩同心走入慈济,建立了一个幸福的家庭。这就是欢喜承受,以智化导的结果。

"灭苦之道,实是真道,更无余道"。灭苦的方法就是真正的道理。真正想消除恶业,要一面多付出,一面欢喜受。任劳任怨为家人及人群服务,把爱心散布于每个黑暗的角落,这就是"欢喜舍,欢喜受"。这才是真正修行的道理,所以"更无余道",除此之外并无其他的方法。

"世尊,是诸比丘,于四谛中,决定无疑"。比丘们在四谛法中绝对没有疑惑了,请佛陀放心。其用意是为了安慰佛陀临入灭时对众生的悲悯之心。

慈济志业最需要的是人心一致,若能人心团结、力量集中,我们的志业一定可以达到目标及理想。很多委员对我说:"师父,您放心,天长地久,生生世世,我们的心还是一致的。我们绝对相信师父所开拓的慈济道路是一条康庄大道,都会跟随师父,与师父同行。"这也是大家安慰我、鼓励我的话。

希望人人都能依照这段经文,好好建立自己的信心,自我修养,要记得:学佛,若能好好学习佛心,就有敏睿的智慧可判断事理,如此,不只是由佛来教导我们,我们也可以再去教导别人。

第十九章　众生得度

于此众中,若所作未办者,见佛灭度,当有悲感。若有初入法者,闻佛所说,即皆得度,譬如夜见电光,即得见道。若所作已办,已度苦海者,但作是念,世尊灭度,一何疾哉。阿㝹楼驮虽说此语,众中皆悉了达四圣谛义。世尊欲令此诸大众皆得坚固,以大悲心,复为众说。汝等比丘,勿怀悲恼,若我住世一劫,会亦当灭。会而不离,终不可得。自利利他,法皆具足。若我久住,更无所益。应可度者,若天上人间,皆悉已度。其未度者,皆亦已作得度因缘。

佛陀躺在两树间的大石头上,弟子都围绕在他的身边,这些弟子们的心态各不相同,大致可分为三种心态。第一段经文描述第一类弟子的心态。

佛陀的弟子也是人,看到佛陀即将入灭时,还一再对他们说:"若有不了解的,就要赶快问!"这分依依不舍的法亲之情,实在令大家非常感伤,而最伤心的是哪一种人呢?就是"所作未办"的人。所作未办,意指虽已发心修行,却尚未证悟佛陀所说的教法,他们虽然有心修行,却不能真正把握时间,体会佛陀的本怀,看到佛陀临终才感到后悔、满心悲戚。

例如阿难看到佛陀一再叮咛、再三交代,越听越悲伤,而且二十多年来身为佛陀的侍者,感情何其深厚!他忍不住离开现场,跑到远远的地方放声大哭。

当他哭得非常凄惨悲切时,阿㝹楼驮在远地听说佛陀即将入灭,就千里迢迢赶回来,正好看到阿难在那里痛哭流涕,他赶紧走近阿难身边安慰说:"阿难,现在不是哭泣的时候,佛陀即将入涅槃,你应该赶紧回去请问佛陀,要如何延续佛陀的慧命?要如何统理僧团?如何弘扬佛法,取信于后世之人?这些才是重要的事情。"

阿难那时仍未完全断除烦恼、成就果位,还属于"所作未办"之人。虽然他听闻佛陀说法之后,也能够叙说给别人听,但本身却无法断情割爱,仍然多情软弱,还存有感情的烦恼。

修行就是要修得"来去自在",连亲情都要看得很透彻。缘聚时,大家相处在一起,互相鼓励,彼此敬爱;缘散时,也要洒脱自在地去。

有人问我:"如何解脱亲情难舍的痛苦?"我说:"我能够体会这种痛苦,但唯有看清生灭无常之理,才能够解脱。如果用感情把病中的眷属拖住,既割不断又无法永远在一起,对他本身而言也很痛苦;若能洒脱地以智慧之剑斩断烦恼,该断时不藕断丝连,就能彼此解脱了。"

佛陀的教育,我们要能体悟了解,解而后能实证,如此才能称为"所作已办"。"所作未办"就是平时说得很轻松,一旦事情临头,仍然悲哀痛苦,满心烦恼无法解脱。

断除依赖猛觉醒

"若有初入法者,闻佛所说,即皆得度,譬如夜见电光,即得见道"。这是第二类弟子。他入佛门后,能接受佛陀的教导,用心体会人间事相,虽然还有一些疑惑,但是一见到佛将入灭,能够猛然觉悟人生无常。佛陀说"无常",但是他们没有亲眼见过,所以无法真正了解无常的境界。不过,一看到佛将灭度,他们立即就能开悟——即使修行的境界高深如佛陀,但是,佛的应化身仍有灭散的一天。

平时,他们不免有依赖的心理——即使今天没有听懂教理,明天佛陀还会继续解说,今天修持得不好,还有明天、后天……等到佛将入灭时,他们便觉醒而自立起来,对佛陀最后的交代深有所悟。所以说"譬如夜见电光,即得见道",好像晚上忽然看见一道电光,点亮了他心中的慧灯,这就是第二种人。

佛陀说众生业重,因此他无法长留人间,否则佛可以永远住世,因为众生有依赖心,所以他宁愿将生命缩短,示现与世人相同的寿命,如此,大家才会知道佛法的宝贵。

人性就是如此,物以稀为贵,得不到或失去的,才会觉得宝贵,若常常看得到、听得到,就不太会珍惜。世间也有人当亲眷还在世时,不懂得敬重爱惜,等到人死之后才深自懊悔、歌功颂德,这就像第二类的人。

另外第三类弟子是"若所作已办,已度苦海者,但作是念,世尊灭度,一何疾哉。"他们跟随佛陀已久,对于教法也都了解,对他们而言,往生是一种解脱,所以他们"视死如归"。世间有生就有死,所以,也不觉得佛陀入灭是一件痛苦的事,因为他们已经证入空性,把感情处理得很妥当,不会感到痛苦。

他们只是觉得:佛为什么这么快就灭度了?其实,佛陀并没有真正灭度,他还会倒驾慈航,一世的寿命结束之后,还是常常往返于人间,所以,佛并没有灭度。

第三类的弟子,对佛将灭度没有表示特殊的悲哀。但对佛临终时的谆谆叮咛珍惜敬重,愿意拳拳服膺。这就是第三类弟子的心情。

佛陀的生活与我们一样,饿了要吃饭,冷了要穿衣服,疲倦时要休息,寿命终了就得离开人间。所以,我们不可将佛陀神化,不要认为佛是神。其实,佛是圣人,他与凡夫境界不同之处,在于佛有智慧又有仁德,而且福慧具足。

发挥人生使用权

佛陀是一位"完人"——完美、圆满的人。而众生大多只是世智辩聪而已。聪明与智慧不同,聪明的人只考虑自己的处境,只爱自己,不爱别人;只会对人不满意,不懂得圆融、容纳他人。所以孔子教导弟子说:"君子和而不同,小人同而不和。"意思是,要学习君子的心量,能够包容普天下的众生,时时刻刻都能表现一分和气的形态,宽宏大量而不结党营私,这就是智慧。

佛陀的智慧与福德是累世修集的,他为了众生而忘了自己,因此能够福德双具。佛陀具足最完满的人格,他的教法能使普天下的众生人人和睦相处。

所以,莫将佛陀神化,应将佛陀圣化。佛陀寿命已尽时,同样也要入灭;人生只有短短几十年,一定要好好把握,"佛法难闻,人身难得",我们既得人身又闻佛法,就要把握机会学习,不可"所作未办",想要做的事就要赶紧将它全部完成。

就像慈济志业,我现在最担心的一件事就是"所作未办"。对修行人而言,所作未办是指没有成就道业,对世间事业而言,理想尚未成就,也叫做"所作未办"。

慈济有周全的计划,我希望在这短短的人生历程,将整个慈济志业的计划全部完成,如此才能达到"所作已办"。大家给我这股力量,我不能半途而废,希望大家共同一心,修行必须把握时间,做事也应该要积极,不留下一丝遗憾。

疑惑已释道心坚

"阿㝹楼驮虽说此语,众中皆悉了达四圣谛义",佛来世间所说的法,最重要的是四圣谛法,而弟子们也都已了解四圣谛法的真义。

佛陀的教育就是要预防众生造业,若能了解无常苦空之理,就懂得预防过错。"人生无常",不只是在家居士害怕,连我们出家修行的人也会担心!因为一口气呼出去而吸不进来,人生就结束了。业是由时间所累积的,在未接触佛法时,我们的身、口、意不知已造了多少业,现在知道佛法之后,才懂得要把坏习惯好好改正,赶快积些善业,做我们来生的福业,但是还有多少时间可让我们把握呢?

之前我去台中正觉寺,寺中住持的老师父一向非常关心慈济,他有一位弟子身体很健壮,那天还亲切地招呼我,当我回花莲之后,就听台中的委员说他往生了。

我问:"他的身体不是很好吗?"委员说:"向来是很好,但那天中午他在厨房炒菜时,感到两脚酸软无力,旁人拿张椅子给他坐,他才一坐下、头一低,就'走'了!"

愈是知道人生无常的道理,愈会对自己的生命危脆感到紧张。佛陀一再宣讲无常之理,勉励弟子行善要及时,时间要用来累积善业,千万别让时日空过而徒留遗憾。

前几天,台东有位会员来找我,说她心里很苦,由于与她很熟,所以知道她为什么而苦。我告诉她:"你要把眼光看低一点,与人要往下比,不要往上比,看开、装傻一点,不就没事了吗?"

她说:"我就是看不开,但我已经够傻了。"我答道:"你就是还知道自己傻,所以才会痛苦,如果能傻到不知道自己傻,就不会有痛苦了,解铃还需系铃人啊!"

总之,过去自己所造的业、所招感到的果是这么苦,回首前尘就要好好地自我检讨。了解人生无常,又何苦百般计较呢?放宽心胸就是"道"。

"世尊欲令此诸大众皆得坚固,以大悲心,复为众说。汝等比丘,勿怀悲恼,若我住世一劫,会亦当灭。"世尊虽剩最后一口气,但为使弟子的道心更坚固,再以大悲心,重复为他们说四谛法。又说:"弟子们! 不要悲哀忧愁,一个人住世的寿命是有限的,即使再让我多活一劫,还是有穷尽的一天,人生本来就有聚有散。"

就像联谊会时,你我相聚在一起,但会议之后,你们就要回家去;即使与我同住的弟子们,他们虽能跟随我,但也不过是几十年,缘尽时也会分离。有聚就有散,人生无不散的宴席,所以"会而不离,终不可得"。

"自利利他,法皆具足",佛来世间,始自修学以至觉悟而"自利",随后即实行"利他"。"若我久住,更无所益",佛陀说:"既然我该做的都做好了,就可以离开人间,如果还永住世间,也没有任何益处。"

"应可度者,若天上人间,皆悉已度。其未度者,皆亦已作得度因缘",该度的人都已度,天堂人间的人都已得到利益;还未受教得度的人及与我尚未有缘的人,现在也已为他们撒下种子。从这几句话,就可以知道佛并未真正入灭,他只是舍弃八十岁的应化身而已,他依然在人间往返,不舍弃度众生的因缘。

[流通分]

第二十章　法身常住

自今以后，我诸弟子，展转行之，则是如来法身常在而不灭也。是故当知，世皆无常，会必有离，勿怀忧恼，世相如是，当勤精进，早求解脱。以智慧明，灭诸痴暗，世实危脆，无坚牢者。我今得灭，如除恶病，此是应舍罪恶之物，假名为身；没在老病生死大海，何有智者，得除灭之，如杀怨贼，而不欢喜。

"自今以后，我诸弟子，展转行之"，我入灭后，从今天开始，你们应把我的精神辗转教育下去。正因佛弟子不断地把教法传承下来，我们才能听闻、修学佛法。

"则是如来法身常在而不灭也"，佛陀说："你们若能照我所说的话去做，就如同我的法身永远留在世间，精神永远活在你们的心中一样。"

职业事业与志业

慈济与佛法是不可分的。佛陀来人间教育我们要扩大心胸,启发爱心,扩大心胸就不会计较人我是非,没有人我是非的聚"集",当然也就"灭"苦了。如果能确实以佛陀的教导去实行,就是走在佛法的道路上,世间的一切苦相,便能处之泰然。

有些人工作累了,事业可以暂时不做;有时我也会觉得累,但是慈济志业却不能稍有停顿。我常说"业"有三种:

一、职业:为了生活而不得不去做的是职业,别的地方若有比这个职业更好的,就会辞掉这份工作,去从事那份工作。

二、事业:它的范围、力量又比职业大,除了可以发挥一己功能,也有可能造就无数人就业的机会。但是,事业常随社会潮流不断地求新求变,也随着各人的兴趣、环境、力量在转变。

三、志业:人各有志,从事志业既非为了生活,也不是为了赚钱,而是要建立人生的价值与理想;就像许多人选择慈济这项有意义而神圣的志业一样。

人间虽然是苦,但是却很有趣,有富有贫、有善有恶,看到贫苦的众生,付出爱心帮助他,行善带给我们多少快乐啊!看到困苦的人,再看看自己,也会觉得目前所拥有的,已经很足够,也很幸福。

因此,做志业并不是为了赚钱,而是在发挥人性的良能,为人群而工作、生活。所以我们不必求长寿,难得来一趟人间,应自问是否已在人间发挥良能?答案若是肯定的,此生就已无憾!

世间无常,争取到最后又有哪一样东西真正是你的?"万般带不去,只有业随身",任何人的生命都由不得自己作主,大家如果到医院去看看,就可看到生病的并不都是老年人,中年、青少年比比皆是,所以病、死之苦,并不一定要等到年老。

"会必有离,勿怀忧恼,世相如是,当勤精进,早求解脱"。大家不要只是照顾好自己的子孙和最亲爱的人,要知道,在我们周围的人也都是亲人,这分情并非始自今生此世而已,甚至是过去生和未来生的亲缘法侣。所以,你我都不应只执著于现在,认为自己的亲人才是所爱的对象。其实,所爱的亲人也终有离开的一天啊!

学佛,并非佛陀能使我们成佛,佛陀只是教导大家如何修行、怎样才能成佛。就像一位老师,他可以教导学生如何取得博士学位、当教授,却无法让他的学生都成为博士,必须看学生有没有志愿?是不是精进用功?

《法华经》中佛陀曾谈及"新发意菩萨",你们现在也可以发心做新发意菩萨,如果现在不行菩萨道,要等到未来世,那是不可靠的,所以佛陀说要"早求解脱",不可拖泥带水,来生是否还有好的因缘,谁都不能预期。

佛陀也说"菩萨游戏人间",做菩萨就要发心度化人间,绝对不把所付出的一切当成苦事,而认为像在游戏人间一样。

像慈济有很多委员,他们去调查贫户,不论是天煎地迫或天寒地冻的天气,仍然跋山涉水去探视、关怀。事后我说:"辛苦你们了!"他们都说:"应该要感谢师父才对,如果不是去看贫户,有好多地方我们都不曾去过。每次出门,我们总是带着便当、茶水,就像要去远足的小孩一样快乐。"这不就是"菩萨游戏人间"最好的写照吗?这分智慧也是心灵上的解脱。

智慧明现佛性在

"以智慧明,灭诸痴暗",应用智慧游化人间,自然不会被痴迷的知见所束缚。如果有感情的痴迷,心地就会黑暗,所以必须以智慧点亮心光,去除种种痴暗;如能把感情扩大,就不会有痴迷。拉长情、扩大爱,就是菩萨清净的觉有情。

"世实危脆,无坚牢者",世间实在很危脆,没有一件东西是永久不坏的。所以,千万不要说"等到下个月我才发心修行,或是等到明年、等到退休时……",这样往往会来不及,那时想做也做不到了。也不要以为"我目前很富有,福已经足够了,何必急着造福呢?"

在慈济所救济的个案中,有好几位过去曾是董事长、总经理,甚至有一位过去在大陆当过县长。他们也曾显赫过,但曾几何时却沦为被救济的对象。所以有福时要及时再造福,不要"等到有时间才做",这是不可靠的,"今天能做的,就赶快去做",这分善念最可靠,也是最现成的福。

"我今得灭,如除恶病",世间最大的苦患在于有身,老子也说人之大患是因为有这个身体。佛陀即将入灭时,看到弟子们依依不舍,就安慰他们:"大家都有分离的一天,今天我要离开尘世,可说是得大解脱,就像大病即将痊愈一样,所以你们应该平静地接受这个事实才对。"

"此是应舍罪恶之物",老病的时候,这个身体就应该舍去,因为身体若不善用,即是罪恶的根源。每个人都很爱惜自己的身体,为身体的享受而争取,但是在享受之时,却往往做了许多损人不利己的事。

"假名为身,没在老病生死大海",过去种种的业力聚集在一起,而有今天这个身体。连佛陀都说自己的身体是"聚集过去的业而假名为身",何况我们凡夫呢?就是有了这个身体,才在生死的大海中浮沉。

"何有智者,得除灭之,如杀怨贼,而不欢喜",不只是世间到处有贼,连我们自己的内心也有贼,外面的贼虽可怕,但内心不守规则的贼更可怕!可是一般人只会防着外面的贼,却任由内心的烦恼贼滋长。所以有智慧的人,对身心之贼能降伏去除,一定会很高兴!

既然我们要学佛,就必须将自身的佛性开发出来,发挥菩萨的功能,心净则土净,希望团体能美好,个体就必须先美化;所以在娑婆世界也一样可以精进,因为有恶浊,才能衬托出菩萨清净的节操。

菩萨具足四要件

菩萨的起点必须要具备四种条件:布施、爱语、利行、同事。布施——是快乐之本,也是做人幸福的泉源。我们有力量去扶助没有力量的人,这分感受是多么快乐!

"施比受更有福",要做菩萨,首先要行布施。施,就是不断地付出,不论是财物、心力或体力的付出。自己做得到的就要多付出,这是人生幸福、快乐之源。

爱语——要怎么样与人相处,才会受欢喜呢?唯有爱语。日常生活中为何会使人烦恼、生气？就是声与色不调和。看到不如意的形态，就会引起爱憎烦恼；听到不满意的声音，也会生起愤怒、痛苦的情绪。既然烦恼是由声色引起，我们就应该好好改善，做到"柔声和悦"，每一句话让人听了都会欢喜、安定，讲话必须负起责任，要解决别人心中的结，而不要增加他的烦恼。

利行——就是一切的言行要利益众生。比如：做一项事业，不能只考虑会不会赚钱，还要考虑是不是对社会有贡献、有利益？假如只顾自己的利益，无视他人的身心是否受到戕害，即使你所赚的钱都拿来做功德，也弥补不了这分罪过。好比前一阵子大家乐风行，电动玩具充斥市场，不知耽误了多少青少年的前程！所以，要创造事业或从事任何职业，应该先考虑是否有利于大众。

同事——自己有机会接近佛法，能做好事，能净化自己的身心，也要以身作则，用这分爱心及利益众生的行动来感化他人，使周围的人群与我们一样，有机会实行"布施、爱语、利行"，大家"同事"同行于菩萨道。

虽然我们都处在五浊恶世中，但必须培养这分清净的本性，大家共同一心，美化自己，清净周围的环境，这样的世界不就是最清净美好的世界吗？希望人人都能互相成就、精进不退。

第二十章　法身常住

第二十一章 结论

汝等比丘,常当一心,勤求出道,一切世间动不动法,皆是败坏不安之相。汝等且止,勿得复语,时将欲过,我欲灭度,是我最后之所教诲。

凡夫的心地就像破晓前的黑暗一样,我们要迎向光明,就必须从"凡夫地"开始下功夫,迈开脚步一步一步向前进,直达圣人的境域。《佛遗教经》最后一段经文云:

汝等比丘,常当一心,勤求出道,一切世间动不动法,皆是败坏不安之相。汝等且止,勿得复语,时将欲过,我欲灭度,是我最后之所教诲。

这段经文是总结,佛陀不断地交代弟子们要将《佛遗教经》口口相传,辗转地流传下去。

佛陀要入灭时,围绕在身边的大都是出家弟子,他对这些弟子殷切嘱咐,因为佛法流传人间必须借重僧宝。有句话说"出家僧众住持佛法,在家居士护持佛法"。住持佛法的人如果能发扬得好,佛法就可流传万世。

勤求正道广流传

"常当一心,勤求出道",学佛是将迷茫的凡夫心转为佛心。人命无常,我们既然已选择了一条正路,就必须一心向前迈进。

我们要终生奉行自己的志愿,佛陀更鼓励我们要一心一志"勤求出道",道就是路,也可以说是方向,千万不要心纷志散,不要"脚踏两条船,心思乱纷纷"。若能时时一心一志地精进,就能超越凡夫的境界,达到圣人的境域。

"一切世间动不动法,皆是败坏不安之相",佛陀告诫弟子们,世间本来就是苦空无常,不论动不动法都是败坏不安的。动是指欲界的现象、欲界中的粗相烦恼,世间一切事物没有不变动的,所谓"败坏不安",就是无常不定的变化。

众生有欲求贪心等烦恼,所以造成无数的业,福是由心起而去造福,罪业也是由心起而去造业。所以,业是不定法,都是由于自己"心动"而去造作。

色界、无色界之法称为不动法,因为界内众生的定力、寿命很长,以致外道教徒误以为"常",所以称为"不动法"。其实,修行到了色界、无色界,还是败坏不安,即使禅定功深,但因烦恼仍未断尽,寿命临终时心一动摇,业还是会现前。所以,一切世间动不动法,皆是败坏不安之相。

依教奉行心安定

我们修行佛法,必须在动中取静,所谓"动处养气,静处练神"。有句话说:"真金不怕火炼。"金子是一种很贵重的东西,但它在还没炼成纯金之前,在矿石中夹杂了很多杂质,要把纯金提炼出来,唯有不断地用火锤炼。火能烧毁一切杂质,到最后留下的就是纯金。

同样的道理,人心若没有面对人事的磨练,内在的私欲就无法完全去除。逃避现实并不是真正的修行,应当在人事中好好磨练,面对人与事时能"用心转境",不要被人事境界转动自己的心。我们在凡夫境界中,若能排除每天所面对的种种烦恼,今生此世即能成就道业;心不受环境动摇,这才是真正的安定。

佛陀讲经说法四十九年,无非是要教导众生面对现实、超越烦恼,烦恼存在人与人之间,能在境界中排除烦恼,才是真正的解脱。

"汝等且止,勿得复语,时将欲过,我欲灭度"。佛说:"我要入灭了,你们不需再劝我住世,也不必悲恼、哀伤,因为我应化在人间的时间已尽,应该入灭了。"

佛陀示现灭度,也是一种教化的形态,这是"八相成道"之一。佛陀应化来人间,与我们过同样的生活,与一般人同样有生、老、病、死的过程;他在弘法时,也会有疲倦、劳累、生病之时,也会老死。这是一种教育——警惕众生,即使他已经成佛,但应化身的寿命也只有八十岁,一般人又哪能常住世间呢?

"是我最后之所教诲",这是佛陀最后的教法。《佛遗教经》的每段经文对我们而言都是很深刻的教诲,希望大家都能依照佛陀的遗教好好地修持。

有句话说:"人之将死,其言也善;鸟之将亡,其鸣也哀。"凡夫在最后一刻所说的话,也是发自内心最恳切的话。圣者佛陀到了最后临终的一口气,仍是殷切地叮咛,我们研究《佛遗教经》,怎能不自我警惕、不依教奉行呢?

人身难得,佛法难闻,慈济道业也难遇,既然现在大家已得佛陀的教法,遇到了慈济菩萨的道业,人生菩萨道我们现生即可实行,何不好好利用时间,应用我们的身体,发挥佛陀的教诲和慈济的道业!请大家多发愿,拳拳服膺佛陀的教法。

图书在版编目(CIP)数据

佛遗教经/释证严讲述.—上海:复旦大学出版社,2013.3(2023.3重印)
(证严上人著作·静思法脉丛书)
ISBN 978-7-309-09397-1

Ⅰ.佛… Ⅱ.释… Ⅲ.佛经-通俗读物 Ⅳ.B94-49

中国版本图书馆 CIP 数据核字(2012)第 292044 号

慈济全球信息网:http://www.tzuchi.org.tw/
静思书轩网址:http://www.jingsi.com.tw/
苏州静思书轩 http://www.jingsi.js.cn/

原版权所有者:静思人文志业股份有限公司授权复旦大学出版社
独家出版发行简体字版

佛遗教经
释证严 讲述
责任编辑/邵 丹
复旦大学出版社有限公司出版发行
上海市国权路 579 号 邮编:200433
网址:fupnet@fudanpress.com http://www.fudanpress.com
门市零售:86-21-65102580 团体订购:86-21-65104505
出版部电话:86-21-65642845
上海崇明裕安印刷厂

开本 890×1240 1/32 印张 8.25 字数 108 千
2013 年 3 月第 1 版
2023 年 3 月第 1 版第 4 次印刷
印数 9 301—11 400

ISBN 978-7-309-09397-1/B·451
定价:28.00 元

如有印装质量问题,请向复旦大学出版社出版部调换。
版权所有 侵权必究